le guide du
yoga

À mon bien-aimé GURUDEV
Sa Sainteté Sri Swami Satchidananda
Vous êtes mon cœur

le guide du
yoga

sumukhi finney

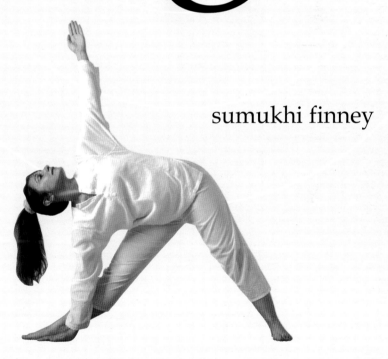

éditions
marée haute

Titre original : The Yoga Handbook

Copyright © 2003 D&S Books Ltd

Copyright © 2005 Éditions Marée Haute,
Montréal,

pour la traduction française :
Ruth Major Lapierre

ISBN 2-923372-06-9

Dépôt légal : Bibliothèque nationale du Québec, 2005
Bibliothèque nationale du Canada, 2005

Photographe : Paul Forrester
Designer : Axis Design

Yoga Intégral ® est une marque déposée
de l'Ashram Satchidananda - Yogaville

Distribution : Diffusion Raffin
29, rue Royal
LeGardeur (Québec)
J5Z 4Z3 Canada

Imprimé en Chine

table des matières

introduction

Après que je lui eus rebattu les oreilles avec mes lamentations pendant toute une pluvieuse après-midi, une amie m'avait invitée à l'accompagner à ses leçons de yoga. J'étais toujours à plat; je n'étais pas heureuse; j'avais l'impression qu'il manquait quelque chose à ma vie et j'ignorais ce que c'était. Les postures et la relaxation du yoga me feraient le plus grand bien, m'avait assurée mon amie. Pour ma part, je voulais me mettre en forme et perdre du poids; j'étais mécontente de mon apparence et persuadée que si j'avais un corps « parfait » tout irait bien. Comme bien des gens à leur première leçon, je connaissais très peu le yoga. Comment parviendrait-il à m'aider? Comment les postures et la relaxation élimineraient-elles les kilos superflus? Comment me rendraient-elles heureuse et satisfaite?

À mon arrivée en classe, j'ai placé mon matelas pour être à mon aise et bien voir. Dans la salle, l'ambiance était feutrée, paisible; je me suis tout de suite sentie bien. Les autres élèves se montraient amicaux. Ils avaient visiblement hâte de voir arriver le professeur; on aurait dit des petits enfants à qui on aurait promis une récompense.

Edith, qui enseignait le yoga depuis 20 ans, est entrée. Avec un sourire chaleureux, elle a pris place devant le groupe et commencé à nous parler de yoga.

Même si je n'y connaissais rien, j'avais l'impression qu'Edith m'entretenait d'une chose familière. La vision que le yoga a du monde et de notre place dans ce monde me semblait aller de soi. C'était comme si j'avais trouvé et placé la dernière pièce d'un casse-tête. Cette première leçon a transformé mon existence. Après une seule séance, je me sentais bien dans ma peau, à la fois plus forte et plus détendue : une expérience nouvelle pour moi. Je m'acceptais mieux. Sans pouvoir l'expliquer, j'étais plus heureuse ; il faudrait décidément que j'en apprenne davantage sur la pratique du yoga.

Pressée d'en apprendre davantage et d'approfondir la paix et la satisfaction que le yoga m'apportait, j'ai entrepris d'étudier des ouvrages sur la question et de suivre régulièrement les cours. Grâce à diverses pratiques (régime alimentaire, respirations, méditation, postures) et grâce à la mise en applicaton de certains principes moraux, j'en suis venue à mieux comprendre et accepter ma propre personne et le monde qui m'entoure. Avant le yoga, j'avais beaucoup de mal à exprimer mes sentiments et à communiquer mes émotions négatives. Je fuyais l'affrontement comme la peste. Comme je ne m'aimais pas beaucoup, comme je percevais mal mon corps, je souffrais de boulimie depuis des années et je refusais d'admettre mon problème. En appliquant les principes du yoga, j'ai commencé à communiquer avec courage et honnêteté, ce qui m'a permis de transformer mes relations, et de mieux exprimer ce que je ressentais. La paix, la satisfaction et l'acceptation se sont installées en moi, ce qui m'a aidée à surmonter la boulimie. J'ai appris à équilibrer mon alimentation et découvert que je pouvais manger sans culpabilité. J'ai commencé à aimer mon corps qui s'est mis à changer avec les postures. J'étais heureuse ! Le yoga m'avait donné les outils pour faire face adéquatement aux défis de l'existence. Pendant mes 18 années d'étude du yoga, j'ai eu la chance de garder la santé, le bonheur, la paix et la satisfaction.

Le yoga peut contribuer à trouver l'équilibre entre le corps et l'esprit, à acquérir un sentiment d'unité et un grand bonheur.

Après quelques années, j'ai voulu approfondir encore le yoga et décidé de suivre une formation pour l'enseigner. Pendant deux ans, j'ai étudié au centre *British Wheel of Yoga*. Même si j'ai fait tout le cours, je n'ai pas remis le travail écrit. Il m'aura fallu 16 autres années avant d'obtenir mon diplôme du BWY. Vers la fin de ma formation, j'avais assisté à une conférence à Zinal, en Suisse. À cette époque, la théorie m'embêtait et j'étais déçue : je voulais vivre le yoga, pas écrire sur la question. La Conférence européenne sur le yoga a été un autre point tournant de mon existence. J'y ai rencontré mon gourou, Sa Sainteté Sri Swami Satchidananda, que ses disciples, ses fidèles et ses élèves appellent Gurudev.

Sri Swami Satchidananda, connu sous le nom de Gurudev.

Gurudev a fondé le Yoga Intégral ® et il en assure la direction spirituelle (voir chapitre 3). Son amour inconditionnel, sa nature pacifique ont fait fondre mon cœur; son sens de l'humour, la manière toute simple qu'il a d'expliquer les enseignements du yoga m'ont convaincue que c'était ce que je voulais étudier et enseigner. En 1989, j'ai terminé ma première formation en enseignement du Yoga Intégral. Depuis, j'ai étudié, appliqué et partagé les enseignements de Sri Swami Satchidananda.

J'aimerais ici partager ce que je sais dans l'espoir de susciter chez vous l'envie d'entreprendre un voyage vers une meilleure santé et une joie plus profonde. Peu importe que vous soyez jeune, vieux, gras, mince, en santé, malade, blanc, chrétien ou musulman, si vous souhaitez connaître une existence plus saine et plus heureuse, ce livre saura vous aider. Il convient à tous, puisque la section consacrée aux postures s'adresse aux débutants et que certaines variations mettent au défi les yogis les plus expérimentés. De plus, ces pages renferment les fondements de la philosophie du yoga. Vous apprendrez à connaître diverses pratiques, qui sauront améliorer tous les domaines de votre vie.

1

écoles et styles de yoga

Avant d'aller plus loin, il est bon de connaître certaines des écoles de yoga. En ce moment le yoga jouit de la faveur populaire : on peut trouver des cours de yoga dans la plupart des centres de sport, de loisirs, de santé, d'éducation aux adultes et nombre de centres communautaires.

Les cours de yoga présentent plusieurs avantages. Ils permettent une pratique régulière – ce qui n'est pas toujours facile chez soi. Dans le cadre d'un cours, vous savez que vous faites correctement les postures ; votre paix et votre calme sont plus profonds parce que l'exécution est guidée : pas besoin de vous fier continuellement à des photographies et à des descriptions purement livresques. En outre, si vous vous intéressez à la dimension spirituelle, vous pouvez vous entourer d'une parenté spirituelle – *sangha* – avec des gens qui partagent vos expériences et vos apprentissages.

Choisissez un professeur qualifié : vous risqueriez des blessures si les postures vous étaient incorrectement enseignées.

Vous pouvez, bien sûr, pratiquer les postures chez vous, mais les cours vous procurent la régularité de la pratique et le plaisir de partager vos efforts avec un groupe d'amis !

Si votre première leçon ne vous enchante pas, essayez un style différent : il en existe plusieurs. Plus que le style, la relation entre le professeur et ses élèves importe probablement davantage. Trouvez-en un qui sache vous inspirer, qui vous mette à l'aise et vous donne confiance. Acceptez d'apprendre et gardez l'esprit ouvert !

Les postures de yoga que vous apprenez en classe sont celles du Hatha-yoga. Pour les enseigner, il existe plusieurs approches différentes. Certaines écoles préconisent un entraînement vigoureux, tandis que d'autres cherchent davantage à perfectionner la forme de la posture. Certains styles favorisent la coordination du mouvement et de la respiration, tandis que d'autres cherchent moins à

Malgré qu'on les enseigne suivant un style ou un autre, une école ou une autre, les postures relèvent toutes du Hatha-yoga.

multiplier les postures qu'à les garder plus longtemps. Certaines écoles font appel à des séquences de postures et d'autres à des postures très douces. Certaines enseignent les postures et un peu de relaxation, tandis que d'autres cherchent à doser séances de relaxation, exercices de respiration et méditation. Certaines y mêlent un peu de philosophie, un peu de psychologie, et ouvrent l'accès à une pratique plus globale du yoga. Il vous appartient de décider ce que vous attendez du yoga. Le yoga, lui, convient à tout le monde ; continuez de chercher jusqu'à ce que vous trouviez ce qui répond le mieux à vos attentes.

Votre professeur de yoga devrait vous inspirer et vous apporter son soutien.

styles de yoga

Ananda yoga

Mis au point par Swami Kriyananda, un disciple de Paramahansa Yogananda – fondateur et directeur spirituel de la Société de la réalisation du Soi et auteur de l'*Autobiographie d'un Yogi*, ce style de yoga tout en douceur se fonde sur l'expérience intérieure et s'intéresse au réveil des énergies subtiles, particulièrement dans les chakras (voir le chapitre 8). Le Ananda yoga utilise à cette fin les asanas et le pranayama pour contrôler les énergies subtiles, ce qui apporte l'harmonie du corps, de l'esprit et des émotions.

Ashtanga yoga

Cette école, fondée par K. Pattabhi Jois, propose un enchaînement rythmé de postures. La pratique du Ashtanga yoga, qui fournit un entraînement complet, ne convient ni aux cœurs fragiles ni aux débutants. Elle aide à acquérir de l'endurance, de la flexibilité et de la force.

Bikram yoga

Bikram Choudhry, fondateur du *Yoga College of India,* a créé cette école de yoga où les étudiants exécutent, dans une pièce chauffée, une série de 26 postures exigeantes. Elles font travailler systématiquement muscles, tendons, articulations, ligaments, organes internes et glandes. La sueur générée favorise l'élimination des toxines. Quant à la chaleur, elle permet aux muscles de se détendre, d'éviter les entorses, et contribue à la guérison des blessures existantes. Tout comme la relaxation entre chacune des postures pour assimiler leurs bienfaits et rajeunir le corps, la respiration et la concentration sont des éléments importants du Bikram yoga.

méthode Desikachar ou école de Madras

Prenant la suite de son père (voir Viniyoga, page 14), T.K.V. Desikachar enseigne le style Viniyoga ; il crée une harmonie entre les postures successives et la respiration consciente. Les cours incluent habituellement la relaxation et la méditation.

Kripalu yoga

Beaucoup plus doux et réalisé en trois étapes, ce style de yoga coordonne mouvement et respiration. Sans compétition avec les autres, le débutant apprend d'abord les postures et cherche à comprendre et à accepter les capacités de son propre corps. En deuxième étape, l'étudiant tient les postures plus longtemps et commence à développer une meilleure concentration et une plus grande conscience intérieure, parce qu'il comprend désormais comment les postures agissent sur les plans physique et psychologique. Une fois le corps et l'esprit harmonisés, l'étudiant de troisième étape fait de ses postures une méditation en mouvement.

Yoga Intégral®

Inspiré par son Maître, Sa Sainteté Sri Swami Sivananda de Rishikesh en Himalaya, Sri Swami Satchidananda – Gurudev pour ses disciples et ses élèves – , fondateur de la *Divine Life Society,* a mis au point le Yoga Intégral®. « Incorporant les diverses souches ou lignées du yoga pour parvenir à un développement complet harmonieux, le Yoga Intégral® combine en souplesse des méthodes destinées à élaborer chacun des aspects de l'individu : physique, émotionnel, intellectuel et spirituel.» Les cours se fondent sur une série de 12 postures classiques (avec des variations) pour faire travailler chacun des systèmes organiques. Pour réussir à avoir un corps gracieux, un esprit en paix et à mener une vie utile, le Yoga Intégral® fait bien sûr appel aux postures, mais aussi à la relaxation profonde, aux exercices de respiration et de méditation et aux principes des yogas Karma, Bhakti, Jnana, Japa et Raja.

Iyengar yoga

B.K.S. Iyengar a mis au point cette école de yoga, l'une des plus renommées d'Occident. Il s'agit d'un style très exigeant qui favorise l'alignement précis du corps et le souci, ou la conscience, du détail. Un cours sera parfois entièrement consacré à une posture ou même à un seul élément de posture. Pour aider l'étudiant à réussir une posture, le yoga Iyengar utilise des blocs et des ceintures.

Kundalini yoga

Le yogi Bhajan a fait connaître ce style à l'Occident en 1969. Le Kundalini yoga se concentre sur l'éveil et la libération du kundalini, ou énergie spirituelle (voir le chapitre 6), qui sommeille à la base de la colonne vertébrale. Comme il exige énormément du corps entier, il vaut mieux, pour le pratiquer, s'assurer de l'expérience et des qualifications de l'enseignant. Ce yoga combine les postures classiques avec des exercices de respiration et de méditation.

power yoga ou yoga dynamique

Ce nouveau style se base sur le Ashtanga yoga auquel il ressemble.

Sivananda yoga

Swami Vishnudevananda, un frère moine de Swami Satchidananda et disciple de Sa Sainteté Swami Sivananda, a mis au point ce style de yoga. Pour connaître la santé et le bonheur, le Sivananda yoga, du nom du Maître dont les enseignements ont servi d'inspiration, utilise cinq principes de base que l'on peut incorporer au quotidien : exercice, respiration, relaxation, pensée positive et méditation, et alimentation saine.

Viniyoga

Sri T. Krishnamacharya, qui enseignait à B.K.S. Iyengar et K. Pattabhi Jois, a mis au point le Viniyoga. Ce style utilise une série de postures et harmonise flux de la respiration et mouvements de la colonne vertébrale. Afin de développer une pratique individuelle pour le traitement de certaines maladies, on l'enseigne souvent en privé. Le Viniyoga inclut des postures, des exercices de respiration, de la méditation, de l'étude et de la réflexion.

2

qu'est-ce que le yoga ?

Les yogis expérimentent l'unité avec toute forme de vie.

Le yoga combine scientifiquement postures, techniques de relaxation, de respiration et de méditation, et principes psychologiques, moraux et éthiques. Au moyen de diverses pratiques choisies suivant son tempérament et sa culture, le yogi se développe totalement, harmonieusement, des points de vue physique, émotionnel, intellectuel et spirituel. Le yoga n'a rien d'une religion : qu'il s'agisse de postures ou de méditations spécifiques, personne n'impose de voie précise. Certes, l'étudiant bénéficie de suggestions, mais il lui appartient de trouver sa route vers l'harmonie. Vous trouverez dans ce livre diverses pratiques yogiques ; faites l'essai des techniques et des principes proposés et découvrez ce qui vous convient le mieux.

Si la plupart des gens savent que le yoga a pris naissance en Inde, personne ne sait exactement à quel moment. Le yoga n'a rien d'une mode : de par le monde, des personnes de toutes classes, de tous âges, le pratiquent depuis des milliers d'années. Il apporte la santé au corps, l'énergie et la tranquillité à l'esprit, et la sérénité et l'harmonie à l'âme.

les postures

Les postures du yoga nettoient le corps, enrichissent le sang et améliorent sa circulation. Fatigue, insomnie, anxiété, douleurs généralisées, douleurs dorsales, mauvaises postures, constipation et autres troubles digestifs, rides et mauvaise mine, tous symptômes du vieillissement, s'en trouvent fortement réduits – et peuvent même disparaître. Le corps prend des airs de jeunesse. Les postures tonifient aussi les muscles et conservent leur force et leur flexibilité aux os et aux articulations.

Tous les organes du corps bénéficient d'un massage, d'une tonification ; le sang oxygéné les irrigue et en élimine les toxines emmagasinées. Quand la circulation est mauvaise, le corps accumule les toxines : les veines et les artères se bloquent ; les toxines attaquent les cellules, et les tissus commencent à se détériorer, ce qui entraîne l'apparition de la maladie. Générées par une mauvaise alimentation, la nourriture transformée et raffinée, l'alcool et le tabac, les toxines se logent dans l'organisme, surtout dans les articulations, ce qui mène à d'autres maladies dégénératives comme le rhumatisme et l'arthrite. Les personnes affectées rapportent qu'en pratiquant le yoga elles ont vu leur inconfort diminuer et leur flexibilité s'améliorer. Certaines ont même constaté la disparition de leurs symptômes. Le système nerveux et les glandes travaillent plus efficacement, ce qui ramène l'harmonie corporelle et soulage des manifestations du stress et de la dépression.

Les postures du yoga préservent la flexibilité du corps, réduisent les symptômes du stress et les douleurs quotidiennes.

la respiration

Le pranayama améliore et renforce le système respiratoire, accroît la vitalité et les niveaux d'énergie. Avec la pratique régulière des exercices respiratoires, plusieurs asthmatiques ont vu leur santé s'améliorer grandement. La combinaison d'exercices de respiration et de relaxation profonde a permis à bien des personnes de surmonter l'angoisse et les crises de panique. D'autres ont vu leur hypertension artérielle diminuer et leur cœur se détendre. Les résultats de certaines recherches montrent qu'un mélange de pratiques yogiques peut abolir les effets de la cardiopathie et contribuer au traitement, voire à la guérison de certains types de cancer.

Les exercices de respiration yogique procurent nombre d'effets bénéfiques.

concentration et méditation

Avec la pratique du dharana et du dhyana, l'anxiété, l'inquiétude et la dépression cèdent le pas à des sentiments croissants de sérénité et de satisfaction. Les étudiants rapportent une amélioration de leur concentration, de leur créativité et de leur mémoire, ainsi qu'une plus grande clarté de pensée.

Le yoga, qui convient à tous, apporte santé et vitalité.

yoga et unification

Les pratiques décrites précédemment préparent l'esprit et le corps au «yoga», un mot sanskrit.

Le sanskrit est une ancienne langue indienne dont les mots portent une signification plus que littérale. Dans cette langue, les sons et les vibrations générés par les mots produisent sur le corps et ses différents systèmes un effet curatif et dynamisant. C'est d'ailleurs pour cette raison que, dans les cours, les termes en sanskrit servent à désigner les postures. Le mot «yoga» signifie «unifier» ou «joindre». Le yoga unifie le corps, l'esprit et l'âme pour que toutes les facettes de l'être fonctionnent en harmonie. La pratique des postures, appelées «asanas», contribue au développement d'un corps détendu. Quand le corps est fort, délassé et calme, la respiration ralentit et l'esprit s'apaise. Quand l'esprit est tranquille, il se libère du stress et de l'angoisse. Le yogi commence alors à connaître ce que l'on appelle la «paix intérieure». L'harmonie intérieure s'étend à l'extérieur et le yogi commence à voir le monde comme un lieu où règne davantage d'harmonie.

Pendant longtemps, la science yogique a été transmise suivant la tradition orale, d'une génération à la suivante, par les Maîtres qui l'enseignaient à leurs étudiants. Il n'existait pas de livres sur la question. Le Maître ou Gourou («celui qui chasse l'obscurité») apprenait à ses élèves qui pratiquaient sans relâche, jusqu'à ce qu'ils atteignent le but ultime du yoga. En devenant Maître à

Le yoga équilibre le corps et l'esprit.

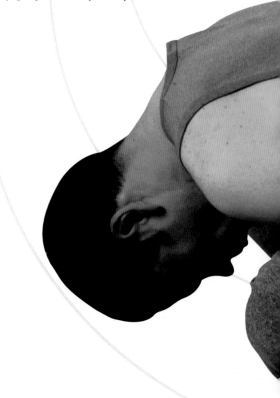

son tour, l'étudiant continuait de transmettre les enseignements. Il a fallu attendre Patanjali, surnommé le «père du yoga», pour que le moindre enseignement soit systématisé et écrit. Patanjali a compilé les *Yoga Soutras*. *Soutra* signifie «fil». Chacun des soutras fournit une brève explication que le Maître développe. On ignore à quel moment les soutras ont été écrits quelque part entre 5000 et 300 avant Jésus-Christ. Certains experts croient que la compilation serait plutôt l'œuvre de plusieurs Maîtres. Nous ne connaîtrons peut-être jamais l'origine exacte du texte en sanskrit, mais nous savons que les *Yoga Soutras* de Patanjali servent de base à toutes les écoles de yoga.

le contrôle de l'esprit

De nos jours, on considère souvent le yoga comme l'une des innombrables méthodes cherchant à acquérir la perfection physique. Le Hatha-yoga (c'est-à-dire l'ensemble des postures physiques) n'occupe cependant qu'une petite partie du yoga. En fait, le yoga cherche à aider celui qui le pratique à atteindre le but ultime : le contrôle de l'esprit.

Dans le deuxième soutra, Patanjali nous livre le but du yoga et la manière de l'atteindre.

« Yoga chitta vritti nirodhah » (« le yoga est l'arrêt du tourbillon des pensées »).

En d'autres termes, si vous parveniez à museler la myriade de pensées qui se bousculent continuellement dans votre esprit et qui vous affectent à la fois physiquement et émotionnellement, vous connaîtriez le yoga ou la paix – l'union du corps, de l'esprit et de l'âme. La véritable nature du Soi se trouve dans la paix que vient continuellement troubler l'esprit distrait. Avec ses douleurs, ses souffrances et ses tensions, le corps nous distrait. En s'attachant à satisfaire nos désirs et éviter la douleur, l'esprit nous distrait. Le bavardage incessant de l'esprit laisse croire qu'il est

l'Essence du Soi. « Je suis heureux, je suis triste, je suis riche, je suis directeur de banque, je suis un chanteur, je suis gros... » Vous n'êtes pas votre esprit. Vous pouvez l'observer et y voir les pensées aller et venir. Le bavardage de l'esprit cache le soi véritable. Avec ses goûts et ses dégoûts continuels, l'esprit bloque l'accès à notre vraie nature sereine. Pour la connaître, il nous faut dominer et tranquilliser l'esprit, ce qui est incroyablement difficile à réaliser. Si c'était facile bien des sages, bien des saints arpenteraient la planète. « Il est plus facile de contrôler un âne ivre piqué par un scorpion que de contrôler l'esprit », disait mon gourou, Sa Sainteté Sri Swami Satchidananda.

Les Maîtres de yoga anciens – les rishis ou prophètes – ont découvert que l'esprit affecte le corps. Songez à ce qui se passe dans votre corps quand vous vous rendez à une entrevue, à un premier rendez-vous

Tout comme la surface étale d'un lac réfléchit la beauté authentique de la nature, l'esprit clair et tranquille reflète la beauté du Soi véritable.

amoureux, quand l'un de vos proches a eu un accident, que vous avez faim et que l'on pose votre assiette sur la table. En plus d'affecter votre corps, vos pensées et votre manière de penser définissent aussi votre propre vision du monde. Ce qui ravira l'un stressera l'autre ou lui fera peur. En soi, les situations, les circonstances ne sont pas stressantes. Par contre, l'interprétation que nous en faisons et nos réactions, déterminées par notre hérédité, notre culture, notre religion, sont responsables du stress. Le monde lui-même est le miroir de l'esprit individuel.

Imaginez un lac limpide, parfaitement étale, posé au milieu des montagnes, dans lequel se reflète le monde environnant. Lancez une pierre dans le lac; voyez l'eau se rider. Puis imaginez le vent qui se lève; et voyez les clapotis se former; le sable et la boue se mêler, l'eau se brouiller : le reflet du monde est déformé. Quand l'esprit est contrôlé, tranquille, il reflète le soi véritable baignant dans la paix. Les pensées, les émotions, les désirs ressemblent aux vaguelettes qui se forment lorsque l'on jette une pierre dans le lac. Les bouleversements émotionnels troublent le pur esprit. Ils colorent l'esprit, couvrent la lumière intérieure et faussent la perception de soi et du monde extérieur.

Si l'esprit affecte le corps et la vision du monde, ont songé les prophètes, il serait possible de dominer l'esprit en contrôlant le corps et d'acquérir ainsi du monde une perception plus positive. La respiration, ont-ils découvert, est le lien entre le corps et l'esprit. Avez-vous remarqué à quel point la respiration se fait rapide, courte et irrégulière dans le bouleversement ou l'énervement ? Dans le calme et la détente, la respiration ralentit, gagne en profondeur et en régularité. Quand l'esprit se concentre, la respiration s'arrête et il faut reprendre son souffle. La respiration reflète l'état du corps et de l'esprit. Si vous parveniez à garder votre corps tranquille, votre respiration ralentirait. Après

Quand on a conscience de la moindre douleur, l'esprit commence à faire tournoyer une ribambelle de pensées. Il n'est pas toujours facile de rester parfaitement immobile et de contrôler son esprit.

bien des jérémiades, l'esprit finirait aussi par se calmer.

Il n'est pas facile de garder le corps immobile, surtout quand les toxines et les tensions le dominent. Essayez de rester sans bouger pendant cinq minutes. Avant même de vous en rendre compte, une litanie de désirs et de plaintes assailliront votre esprit : «j'ai mal au dos ; j'ai soif ; il faut que je passe un coup de fil...» Combien de temps vous faudra-t-il pour céder aux demandes de vos sens et de votre esprit ? Votre sérénité se troublera en un clin d'œil ; qui plus est, elle ne reviendra pas tant que vous n'aurez pas satisfait vos désirs. Et encore, une fois qu'ils auront été comblés, un autre désir s'immiscera presque aussitôt dans votre esprit agité. Comment peut-on contrôler les sens et l'esprit ?

Toute la pratique yogique vise le contrôle du corps, de la respiration, des sens et de l'esprit. Cette maîtrise mène à la paix, à la joie et à l'amour inconditionnel permanents, c'est-à-dire à un niveau de conscience supérieur que l'on appelle notamment illumination, conscience cosmique, conscience supérieure, réalisation du soi et nirvana. Le yoga peut vous aider à trouver la voie de ce lieu paisible, merveilleux.

Il est souvent difficile de libérer l'esprit des pensées du quotidien.

satisfaction, bonheur – joie et sérénité permanentes

Tous les êtres humains cherchent un bonheur et un contentement durables. Le développement individuel détermine la manière d'y accéder. Pour la plupart, malheureusement, nous cherchons le bonheur dans un monde où rien ne dure. Pour cette raison, notre bonheur reste, lui aussi, éphémère. Et nous sommes là, à tourner en rond sans jamais obtenir le bonheur durable que nous voulons pourtant. À sa place, nous trouvons des bonheurs temporaires, qui n'attendent que le prochain malheur pour disparaître.

la réalité et l'illusion

Les êtres humains cherchent ce qui les rendra heureux ; pourchassant les illusions de bonheur, ils se mettent en quête de neuf : voiture, maison, relation amoureuse, emploi...

Pour le yoga, notre réel est une illusion. Comment le monde tel que nous le connaissons peut-il être réel alors que notre expérience individuelle du monde ne se compare à aucune autre et ne cesse de se transformer ? Ce qui vous ravit pourrait bien me contrarier. Qui aurait raison ? Où serait la réalité ? Même si nous convenons que le coucher de soleil est magnifique, nous le percevons différemment.

À vos yeux, votre nouveau partenaire est peut-être la plus belle personne au monde, même si, dans votre entourage, chacun se demande ce que vous pouvez bien lui trouver. Votre expérience du monde est le reflet de votre esprit et ce reflet change de minute en minute. Dans un an ou deux, dans quelques semaines peut-être, votre nouveau partenaire sera peut-être devenu la personne la plus mesquine et la plus égoïste qu'il vous ait été donné de connaître. Par contre, votre mère aura peut-être commencé à l'aimer après le joli cadeau qu'il lui a offert à son anniversaire! C'est votre esprit, ce simple amoncellement de pensées en perpétuel changement, qui détermine la «réalité», c'est-à-dire votre expérience du monde et des gens qui l'habitent. Objets de votre fierté à l'époque, les vêtements que vous portiez dans les années 1980 vous humilieraient aujourd'hui et feraient rire les enfants. Les vêtements n'ont pas changé; votre opinion à leur sujet, oui. Dans l'univers manifeste, tout change perpétuellement. En cherchant le bonheur, la satisfaction et la réalité à l'extérieur, nous nous condamnons à la déception parce que le bonheur et la réalité que le monde nous offre sont temporaires, changeants, irréels.

...rpétuellement en quête de bonheur, les gens croient souvent qu'il naît ...s possessions matérielles. Le yoga s'oppose à cette conception.

Il vous est impossible de savoir ce que le coucher de soleil éveille en moi et je ne peux pas savoir ce qu'il provoque en vous. Lequel est réel? «Les deux», pourriez-vous dire. Si c'était le cas, il y aurait deux réalités, ce qui, par définition, est impossible!

de la diversité à l'unité

Bien des gens vivent repliés, centrés sur eux-mêmes. Ils cherchent à satisfaire d'abord leurs désirs personnels et à éviter toute forme de souffrance.

En vivant repliés sur nous-mêmes, nous nous éloignons les uns des autres. En jugeant les autres, en nous comparant à eux, en les critiquant continuellement, nous attaquons notre propre sentiment d'appartenance. Plus nous jugeons, étiquetons ou catégorisons, plus nous créons entre nous et les autres des différences insignifiantes, plus nous nous séparons. Quand nous critiquons les autres, nous les confinons habituellement à du négatif. L'ego cherche toujours à être meilleur que l'autre et à occuper la première place. Vous avez beau être quelqu'un de bien, jusqu'à un certain point, votre instinct de survie vous poussera toujours à agir de la sorte, à moins que vous ne commenciez à prendre conscience de ce qui se passe. Bien des gens vivent repliés, centrés sur eux-mêmes. Ils cherchent à satisfaire d'abord leurs désirs personnels et à éviter toute forme de souffrance.

Nous sommes tous inextricablement liés, nous apprend le yoga. Désormais, la

science moderne convient de ce que les rishis ont réalisé dans les états de méditation profonde : fondamentalement il n'existe que l'énergie à laquelle nous participons. Tous, nous ne faisons qu'Un. Il n'existe pas de différences entre nous. Celles que nous

Les différences nous dérangeaient peu lorsque nous étions enfants. En prenant de l'âge, nous sommes plus tentés de juger les autres. Le yoga nous enseigne que nous sommes tous liés les uns aux autres.

Nous ne faisons qu'un avec la nature; le yoga nous aide à en prendre conscience.

éprouvons viennent de notre imagination. Avec le yoga, nous pouvons commencer à lever le «voile de l'illusion» – «maya» – (voir chapitre 5, p. 137-158) qui cache à nos yeux notre Soi véritable. Cette illusion nous empêche de connaître un profond sentiment de paix et d'unité avec nous-même et avec l'univers qui nous entoure. Le yogi considère que cette unité est le but de l'existence.

En chacun de nous luit une étincelle divine, l'âme individuelle ou *atman*. Parce que nous nous identifions avec l'esprit et avec le soi dominé par l'ego, nous avons oublié notre nature divine. Qu'elles soient bonnes ou mauvaises, qu'elles nous attristent ou nous réjouissent, toutes les expériences de la vie sont des leçons qui nous aident à évoluer. Ce faisant, nous nous rapprochons de notre nature véritable et de l'unité avec l'énergie divine universelle appelée Brahman. Nous sommes comme la vague qui s'élève et se croit elle-même l'océan tout entier, pour réaliser ensuite qu'elle n'est qu'une partie du tout alors qu'elle s'efface pour redevenir un avec l'océan. «Le yoga, comme dit Swami Satchidananda, vise à réaliser l'unité spirituelle derrière la diversité de la nature.»

3

les voies
du yoga

Ce qui convient à l'un ne va pas nécessairement à l'autre; le yoga tient compte de la diversité humaine.

Pour connaître et réaliser sa nature véritable, il faut pouvoir contrôler son esprit, désenfler l'ego et surpasser sa nature inférieure. Tout au long de ce chapitre, nous examinerons les diverses voies qu'emprunte le yoga pour y parvenir. Chacun a son tempérament, ses humeurs, son milieu culturel. Ce qui, par exemple, aide le pêcheur de

Gambie à connaître la paix n'aidera pas nécessairement le financier londonien; en retour, ce qui aide ce dernier n'aidera peut-être pas la femme au foyer de Roumanie. Si le yoga a pu surmonter l'épreuve du temps, c'est qu'il a réussi à tenir compte de cette diversité. En vous consacrant à l'une ou l'autre des six voies du yoga ou à une combinaison d'entre elles, vous favorisez le

maintien de votre santé et de votre bonheur;
et vous connaîtrez la paix. Si vous n'aimez
pas certains exercices, si vous ne partagez
pas certaines idées, ne vous inquiétez pas.
Faites les exercices; mettez la philosophie
en pratique. Si vous ne les aimez toujours
pas, ne vous en faites pas. Un peu comme
au magasin quand vous essayez une veste, si
les exercices et la philosophie vous plaisent,
vous vont bien, gardez-les. Sinon, laissez-les.

Karma yoga : la voie de l'action

Le karma est la loi naturelle de la cause et de l'effet; il dit que toute action entraîne une réaction et que l'on finit par récolter ce que l'on a semé, que ce soit bon ou mauvais. Il importe de le réaliser : ce n'est pas que l'univers, Dieu, la nature, le Soi supérieur – peu importe le nom – veuille vous punir. Les expériences bonnes ou mauvaises nous aident à apprendre de nos erreurs. Malheureusement pour nous – ou heureusement, c'est selon – nous apprenons plus vite dans la souffrance.

Bonnes ou mauvaises, les expériences peuvent nous enseigner des leçons précieuses. Comprendre cela, c'est justement comprendre l'un des éléments fondamentaux du yoga.

Quand nous comprenons la loi du karma nous acceptons mieux les situations difficiles ou bouleversantes. Le karma yogi accueille la souffrance que la vie apporte comme une bénédiction, une occasion de croissance. Lorsque l'on vous vexe, au lieu de tenter de vous venger ou de vous apitoyer sur votre sort, acceptez l'idée que, par le passé, vous avez dû faire quelque chose qui a contrarié une autre personne et que vous en payez maintenant la note. Vous avez peut-être l'impression que c'est l'innocent qui souffre, mais le karma n'est pas toujours instantané : peut-être que la personne innocente a fauté la semaine dernière, il y a 10 ans ou bien dans une vie antérieure.

Toujours un peu controversée, la philosophie du yoga comprend l'idée de réincarna-
tion. L'âme continue ainsi de se réincarner
jusqu'à ce qu'elle ait résolu son karma. Chacune des existences apportera son lot
d'expériences nécessaires pour rembourser
la dette karmique. Tout en la réglant, cependant, nous nous créons un nouveau karma,
d'où le cycle infini de la naissance, de la mort
et de la renaissance jusqu'à ce que nous
ayons atteint la connaissance. La seule
manière de nettoyer l'ardoise de notre karma
négatif et d'éviter d'accumuler d'autres dettes
est de nous mettre au service des autres. En
étant altruistes, nous faisons du Karma yoga.

Chacun peut faire du yoga – peu importe
le lieu, peu importe le moment.

« La perfection en action : telle est la définition du yoga. Quoi que
vous fassiez, disiez ou pensiez, faites-le à la perfection. Et qu'est-ce
qu'un acte parfait ? C'est un geste qui bénéficie à quelqu'un sans
blesser personne. La joie de servir l'autre est la récompense. Quand
vous vivez cette joie, votre esprit est toujours calme et serein. »

Sri Swami Satchidananda

Telle est l'essence du Karma yoga. Faites
de votre mieux sans chercher de récompense, sans vous soucier de la critique, ou
attendre un quelconque résultat.

Tout le monde peut faire du Karma yoga.

C'est une voie extraordinaire pour ceux qui
sont très actifs et qui ont du mal à s'asseoir
et rester immobile – chez les gens actifs, la
méditation peut apporter plus de souffrance
que de paix. Comme toute action est une

Le yoga encourage l'altruisme.

manifestation de la pensée, il vaut la peine de souligner qu'il n'est pas seulement question ici d'actions physiques ; observez votre esprit et son activité incessante. En apparence rien ne change quand vous faites du Karma yoga, malgré que vos proches puissent remarquer chez vous un surcroît de joie et de soin au travail, une attention plus marquée aux autres. Dans le Karma yoga, la transformation est intérieure. Vous cessez de vous inquiéter des résultats de votre travail ; vous n'éprouvez plus d'embarras quand les choses vont de travers ; vous ne ressentez plus de peur ou d'appréhension à l'idée que les choses se passent bien ou mal, d'orgueil quand on vous loue ou de déception quand on oublie de le faire alors que vous le méritez. Le yoga Karma vous permet d'utiliser l'activité physique pour contrôler l'activité mentale : vous pouvez faire cesser le bavardage inutile de votre esprit et le libérer de ses pensées troubles.

En l'empêchant de vagabonder sans but, le Karma yoga garde l'esprit concentré sur le travail à faire. Ce faisant, vous cessez de vous préoccuper des résultats et vous ne vous rendez plus malheureux à force de souhaiter être ailleurs. Vous est-il déjà arrivé de rentrer chez vous en automobile et d'avoir tout oublié du voyage ? Votre esprit était si préoccupé du passé ou de l'avenir que le moment présent est passé inaperçu. Le Karma yogi ne se lasse pas de certains types de travaux et n'en méprise aucun. Toutes les tâches ont la même importance. Il n'y a ni inférieur ni supérieur ; chacun a droit au respect et à l'amour.

Le Karma yogi ne s'attribue pas le mérite

d'un travail bien fait : il sait que s'il s'identifie aux fruits de ses actes, il sera mécontent tôt ou tard. Le Karma yoga, c'est le dévouement aux autres, la perfection en action. C'est faire des choses pour les autres, pas pour soi. Un acte parfait ne lèse personne et profite au moins à une autre personne. L'altruisme purifie l'ego, ce qui permet de servir encore mieux et de devenir plus sensible aux autres parce que c'est le souci de l'autre et non celui de soi qui occupe l'esprit. Le Karma yogi cherche à transcender le soi individuel, à devenir un instrument aux mains du Divin. Ce faisant, il devient un avec le Divin.

Si votre travail vous occasionne des

Le Karma yogi fait de son mieux sans s'occuper des résultats. Libéré de la crainte, des angoisses et des attentes, le travail s'allège, devient source de joie.

facile. L'énergie coule à travers vous et vous vous rendez utile. La nature de votre dharma importe peu. Il n'est pas de tâche supérieure ou inférieure – chacun a un rôle à jouer.

« L'action individuelle n'existe pas ; toute action est une manifestation divine qui passe par un objet humain. »

Belkash Ramlikar

frustrations continuelles, s'il trouble votre sérénité, il vaudrait la peine d'en chercher un plus satisfaisant. Quel travail vous tirerait du lit le matin ? Quel est votre dharma – votre mission – dans le monde ? Quand vous trouvez ce pour quoi vous êtes tout naturellement prédisposé, la vie, comme une bénédiction de Dieu, est beaucoup plus

Le but du yoga, rappelez-vous, est d'apaiser l'esprit et de le transcender pour connaître la paix. En gardant votre esprit concentré sur ce que vous faites et en ne vous préoccupant pas des résultats, vous limiterez vos pensées.

Bhakti yoga :
la voie de la dévotion

Le Bhakti yoga convient bien aux personnes émotives ou enclines à la dévotion. Pour le Bhakti yoga, l'amour suffit parce que chaque personne, chaque chose est Dieu ; chacun des actes est une offrande. L'esprit limité a beaucoup de mal à aimer Dieu, l'Absolu sans forme et sans nom. Le yogi choisira un aspect particulier du Divin pour s'y concentrer ; il tournera vers Dieu, vers une incarnation divine particulière, un maître spirituel ou un gourou, son amour, ses pensées, sa dévotion et son service. Peu importe que Dieu prenne pour vous l'identité d'Allah, de Moïse, de Jésus, de la Nature ou de Krishna. Si Dieu est l'Absolu ; s'il sait tout ; s'il peut tout et s'il est partout, il est aussi Allah, Moïse, Jésus, la Nature et Krishna.

Au quotidien, le Bhakti yogi pensera constamment à Dieu. Il s'entourera d'images et d'objets qui ramèneront son esprit vers Dieu. Il lira les saintes écritures et les écrits des saints et des sages. Le bhakti fera du kirtan : il priera et psalmodiera des mantras ou bien répétera le nom de Dieu en chantant. Le Bhakti yogi est aussi un Karma yogi ; il offre à Dieu tout ce qu'il fait, tout ce qu'il reçoit. Le plaisir, la souffrance viennent de Dieu à qui le bhakti les offre en retour. Il développe une relation personnelle avec la déité qu'il s'est choisie ou avec un aspect de Dieu : il lui parle comme à un ami, un enfant ou un serviteur. Sans relâche, croit-il, Dieu le protège et le guide dans tout ce qu'il fait. Comme Dieu habite toutes les choses et tous les êtres, comme le Bhakti yogi aime sans conditions toute la création, la prière finit par ne plus être nécessaire.

Le Bhakti yogi remet sa volonté propre à celle de Dieu. «Tout t'appartient ; je t'appartiens ; que ta volonté soit faite.» Il est le canal que Dieu utilise pour faire circuler

sa grâce. Il n'est pas nécessaire d'avoir foi en un Dieu particulier ou en un maître spirituel pour devenir Bhakti. Il suffit d'aimer inconditionnellement son père et sa mère, ses enfants, de se mettre généreusement à leur service et de voir en eux le Divin, ce qui n'est pas toujours facile ! Il suffit de traiter toutes ses possessions, tous les objets avec soin et amour, de témoigner bonté et gentillesse envers toutes les créatures vivantes. Si vous voulez connaître Dieu, ou bien la paix intérieure, apprenez à aimer inconditionnellement toute chose, toute personne, sans rien attendre, sans chercher à imposer des limites.

Aimez et servez. Par l'amour, transcendez les différences de votre mesquine nature inférieure et accomplissez votre soi véritable.

Peu importe la foi du Bhakti, Dieu occupe toujours le premier plan de son esprit.

Jnana yoga : la voie de la sagesse

Le Jnana yoga, l'une des voies les plus difficiles, convient davantage aux intellectuels, portés à la réflexion et à l'analyse. La voie du Jnana yoga approche plus directement que les autres la réalisation de sa nature véritable. Quelque soit le geste qu'il fait, le Jnana yogi s'efforce toujours de garder à l'esprit qu'il n'est pas celui qui agit. Il ne se considère pas comme un corps ou un esprit : il est plutôt le témoin muet de ce qui survient dans le corps et dans l'esprit. Il s'efforce de s'identifier avec la partie de l'esprit qui observe plutôt qu'avec celle qui agit. Le jnani pense ainsi : «Je ne travaille pas; la nature travaille à travers moi.» Le travail et l'action ne lient pas le jnani : toute expérience sert à apprendre. Le jnani pratique aussi le Karma yoga, mais du point de vue du Jnana plutôt que de celui du Bhakti.

Le jnani ne dirait jamais : «Je travaille fort et je suis fatigué.» Il ferait plutôt observer que le corps est fatigué parce qu'il a travaillé fort. Les pensées affectent le corps, on l'a vu plus haut, et si vous dites «je suis fatigué» ou «j'ai mal», vous créez la fatigue et la douleur. Quand vous observez, vous n'intervenez pas. Vous n'enclenchez pas une réaction en chaîne de pensées et d'émotions, qui agissent à leur tour sur l'ensemble de la journée. Observez, reconnaissez et poursuivez votre route, l'esprit tranquille. Parce que sa nature véritable se trouve ailleurs, le jnani se détache de la situation; il ne s'identifie pas à l'action, à la pensée ou à l'émotion, qui ne sont pas réelles.

Notre vraie nature est d'être en paix et heureux. Cela ne demande pas la connaissance – nous l'avons déjà. En raison d'une fausse identification avec les

Les pensées négatives entretenues déclenchent une suite de réactions qui mènent au stress, à l'inquiétude ou à la maladie. Il faut plutôt observer ces pensées qui vont et viennent comme des nuages. Vous n'êtes pas vos pensées.

pensées ou, plus précisément, avec la pensée du «je», la véritable nature du soi reste cachée. Le jnani rejette tout ce qu'il n'est pas, tout ce qui fait obstacle à la réalisation du vrai soi, ce que l'on appelle la méthode du «neti-neti» – «ni ceci ni cela». Quand vous êtes bouleversé, demandez-vous : «Qui est bouleversé?» Dans l'esprit se trouvent des pensées perturbatrices, mais qui ne sont que cela : des pensées qui disparaîtront vite si vous vous contentez de les observer et de les laisser filer. Les sens ne peuvent percevoir le vrai soi, pas plus

que l'esprit ne peut le concevoir. Comme les pensées n'ont pas de permanence, elles n'ont pas de réalité. Par définition, la réalité exige la permanence. L'élimination systématique de tout ce qui est irréel finira par mener à la réalité. Le «voile de l'illusion» – maya – se lèvera; le soi véritable sera révélé. «Nous ne sommes pas des humains qui cherchent à devenir divins, a déclaré un jour mon professeur. Nous sommes plutôt des divins qui essaient d'apprendre à être humains pour vivre en harmonie avec notre vrai soi. »

Japa yoga : la voie du mantra

Bien qu'on le considère souvent comme une partie du Bhakti yoga, le Japa yoga est une voie en soi qui mène au contrôle de l'esprit. Elle aide les karma yogis et les jnanis parce qu'elle contribue à empêcher l'esprit de vagabonder. Le Japa yoga répète les mantras, ou vibrations sonores, pour dépasser le bavardage de l'esprit. En méditation profonde, les rishis ont expérimenté des vibrations sonores subtiles et ils en ont fait des mantras à répéter. Leur signification importe peu; ces vibrations sonores, composées d'une syllabe ou plus, représentent un aspect spécifique du Divin. Les vibrations occasionnées par la répétition intensive du mantra imprègnent l'individu entier, et apportent la santé au corps et le calme aux sens et à l'esprit, ce qui les rend aptes à faire face aux défis de l'existence. Elles nettoient en douceur les cellules du corps. La pratique du Japa yoga apaise également les nerfs et les émotions. Concentré et élevé, l'esprit finit par connaître la conscience spirituelle.

L'univers est énergie; l'énergie vibre et cette vibration produit un son. En sanskrit, on reproduit ce son en psalmodiant «Om» (ahhh ou mmmm – aoum – en allongeant le «m» et en ressentant sa vibration dans la tête). Les vibrations sonores créent des formes. La vibration de l'univers fonde tout le reste. Tout, y compris l'être humain, est fait de vibrations sonores. Lorsque nous répétons les mantras, nous changeons notre vibration et alignons notre soi sur le son de l'univers.

Quand vous êtes déprimé ou furieux, vous émettez une vibration ou une énergie particulière. Il vous est sûrement déjà arrivé d'entrer dans une pièce et de sentir que vos amis venaient de se disputer même s'ils vous souriaient. Si vous avez un jour la chance de vous trouver en présence d'une sainte personne, vous sentirez une paix, même si elle ne vous a pas adressé la parole, et ce, parce que c'est précisément la vibration qui émane d'elle et que vous pouvez la capter.

Tout comme vous pouvez capter différentes ondes radiophoniques, il est possible de synthoniser notre soi pour capter les ondes de l'énergie divine. Pensez à ce que vous ressentez quand vous écoutez du heavy métal ou du punk rock et comparez vos impressions à ce que vous éprouvez en écoutant un concerto pour violon de Mozart ou une musique de relaxation

éveil

transcendance

«voile de l'illusion» – maya

rêve

sommeil profond, sans rêves

Le symbole du Om : son primordial ou bourdonnement de l'univers. Quand le yogi transcende la nature inférieure de l'esprit, en dépassant le voile de l'illusion, il se repose dans l'état de transcendance de Samadhi.

profonde. Les vibrations sonores agissent sur chacune des cellules du corps et affectent l'esprit et les émotions. Le Japa yoga peut même influencer une atmosphère ou un lieu. On pourrait dire que la répétition du mantra nous aide à éviter de capter des ondes négatives. Continuez à répéter votre mantra : vous finirez par attirer de l'énergie positive.

Pour faire du Japa yoga, choisissez un moment de la journée où vous pouvez vous asseoir et répéter votre mantra. Le Japa yoga vise à répéter le mantra toute la journée. Au travail, utilisez votre esprit; le reste du temps, répétez votre mantra. Au début, il est peu probable que vous puissiez contrôler suffisamment votre esprit pour réussir. En répétant votre mantra, bien des pensées vous assailliront. Au fur et à mesure que vous prendrez contrôle de votre esprit, vous arriverez à rester concentré sur le mantra tandis que les pensées perturbatrices perdront de leur pouvoir (voir chapitre 7).

La répétition d'un mantra est une bonne manière de se calmer et de dominer son esprit, ce qui aide à trouver la paix.

Hatha-yoga :
la voie de la
perfection physique

Par les asanas (postures), le yoga Nidra (relaxation profonde), le pranayama (contrôle de la respiration) et le régime alimentaire, le Hatha-yoga s'occupe principalement du développement du corps physique. (Voir les chapitres 4, 5, 6 et 8.)

Le Hatha-yoga est, en quelque sorte, la méditation du corps physique. Le corps, le souffle et l'esprit doivent travailler en harmonie; le yogi doit pratiquer les asanas et le pranayama en toute conscience, autrement, il ne fait pas de yoga. Le Hatha-yogi expérimenté réussit à rester parfaitement concentré sur la respiration et le corps, peu importe l'asana qu'il exécute. L'esprit du débutant, lui, vagabonde sans avoir conscience du corps et de la respiration. Vous aurez beau garder l'équilibre sur la tête pendant une heure entière, si votre esprit et votre respiration ne sont pas accordés, vous resterez toujours un débutant.

Il n'y a pas de différence entre le corps et l'esprit. Le corps est une manifestation grossière de l'esprit, tandis que l'esprit est une manifestation subtile du corps. Ils sont inextricablement liés par la respiration. Les bouleversements ou les maladies physiques affecteront l'esprit tout comme les pensées troubles affecteront le corps. Le Hatha-yoga peut apporter l'harmonie à l'être entier. «Sthira sukham asanam» écrit Patanjali dans les *Yoga Soutras* : «Toute posture stable, confortable, est un asana.» Quand le corps est stable et à son aise, il est possible de rester immobile et d'apaiser l'esprit. Comme les toxines et les tensions foisonnent dans le corps, il est très difficile de garder sa stabilité et son confort. Aussitôt que l'on s'efforce de garder une position, l'esprit et le corps commencent à se plaindre.

Le soleil – *ha* – se rapporte à l'énergie positive, virile, à la chaleur, à l'aspect logique, rationnel, affirmatif de notre nature. Pour sa part, la lune – *tha* – se rapporte à l'énergie négative, à l'aspect féminin, créateur, intuitif, détendu. Dans la pratique correcte du Hatha-yoga, ces deux aspects subtils de notre être s'équilibrent et s'unissent. Il nous faut donc trouver le bon équilibre : pas trop d'efforts qui occasionneraient des douleurs, mais pas trop de paresse non plus parce que rien ne s'accomplirait.

Exécuté correctement, le Hatha-yoga apporte équilibre et santé à tous les systèmes du corps. L'exercice physique fait travailler les systèmes musculaire, squelettique et cardiovasculaire. Toutefois, quand le système nerveux et le système endocrinien sont affaiblis ou déséquilibrés, l'exercice les stresse davantage, ce qui agit ensuite sur la santé physique, mentale et émotionnelle. Les systèmes corporels ne sont pas faits pour rester tranquilles toute la journée et puis être livrés à une activité physique effrénée. Le corps subirait trop de stress. L'aile de l'avion, par exemple, a été conçue pour subir une certaine tension; elle permet à l'avion de prendre son envol et de voler correctement. Si la tension devient trop

Trop d'engagements et de responsabilités peut entraîner du stress.

Sous le stress – ou la menace – la tension artérielle peut bondir.

forte, elle se transforme en stress. L'aile de l'avion peut alors se casser. Ainsi, un peu de tension préserve notre motivation tout en tonifiant les muscles, mais la surcharge de tension impose un trop grand stress au corps qui peut aussi se briser.

Le système nerveux sert de contrôle et de système de communication au corps et à l'esprit. Il est responsable de l'équilibre général – ou homéostasie – du corps, de l'esprit et des émotions. Il régit les sensations et les actions ; enregistre les changements qui surviennent dans toutes les parties du corps et gère les pensées et la mémoire. Les récepteurs des sens – peau, oreilles, yeux, nez – captent les messages du monde extérieur et les font parvenir au cerveau par un réseau de nerfs. En réaction, le système nerveux interprète les changements et émet une impulsion électrique pour activer un muscle spécifique ou dire à une glande en particulier de secréter des hormones.

Le système endocrinien veille à maintenir l'homéostasie et travaille de concert avec le système nerveux. Alors que les impulsions électriques qu'émet le système nerveux sont des messages rapides, de courte durée, le système endocrinien libère lentement dans la circulation sanguine des messagers chimiques ou hormonaux dont les effets durent beaucoup plus longtemps. Quand le système nerveux et le système endocrinien travaillent harmonieusement, nous sommes en bonne santé physique, mentale et émotionnelle. Nous réagissons positivement aux défis de l'existence. Si l'équilibre était rompu, les deux systèmes enverraient continuellement des messages demandant au corps de se préparer à une situation d'urgence et dramatiseraient les situations stressantes.

Quand le corps est menacé, le système nerveux sympathique passe à l'action : le pouls et la pression sanguine augmentent;

Quand nous sommes stressés, nous nous tournons souvent vers des choses qui ne sont pas bonnes pour nous.

dans les poumons, les bronchioles se
dilatent tandis que le tract urinaire et le
système digestif s'enraient. L'adrénaline et la
noradrénaline envahissent le corps. Le
corps et l'esprit se préparent pour la lutte ou

Une pose équilibrante, la Demi-lune.

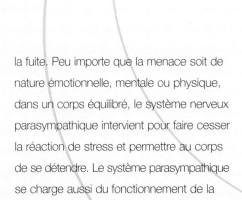

la fuite. Peu importe que la menace soit de nature émotionnelle, mentale ou physique, dans un corps équilibré, le système nerveux parasympathique intervient pour faire cesser la réaction de stress et permettre au corps de se détendre. Le système parasympathique se charge aussi du fonctionnement de la digestion et de l'élimination.

Dans notre monde moderne, le système nerveux sympathique se trouve constamment stimulé. En état de déséquilibre, l'interrupteur reste toujours en position allumée, ce qui mène à la fatigue chronique, à l'hypertension, à la dépression, à l'angoisse et aux troubles nerveux. Nous les affrontons souvent armés d'une tasse de café, d'une tablette de chocolat, d'un verre de vin ou d'une cigarette. Ces produits chimiques nous remontent temporairement. En fait, les stimulants de cette nature stressent davantage le fonctionne-

ment du corps et ajoutent aux symptômes du stress et de la fatigue. Quand le système endocrinien se déséquilibre, le métabolisme s'en ressent, ce qui peut mener à l'obésité, aux problèmes menstruels et, dans certains cas, à des maladies graves.

Les postures du Hatha-yoga nettoient et renforcent les systèmes nerveux, endocrinien et digestif, ce qui fait travailler le système cardiovasculaire, tonifie les muscles et renforce les os et les articulations. Le Hatha-yoga apaise le corps, ramène l'homéostasie, et revitalise tous les systèmes.

L'épine dorsale est, littéralement, la colonne vertébrale de notre santé. En état d'équilibre, l'énergie va et vient dans la moelle épinière, ce qui nous donne de la vitalité. Les postures du Hatha-yoga font ployer et tourner la colonne, coupant court aux manifestations physiques du stress; elles libèrent l'énergie dans la colonne vertébrale et redonnent de la vitalité.

De nos jours, il existe des cures pour des maladies qui auraient été fatales il n'y a pas si longtemps, mais les maladies dégénératives, toutes occasionnées par le stress imposé au corps, à l'esprit et aux émotions, restent sans remèdes. Le Hatha-yoga nous rapporte le confort, l'équilibre, l'harmonie et la paix.

Raja yoga : la voie royale

Le tout premier guide du Raja yoga a été le *Yoga Soutras* (voir chapitre 2). Les soutras nous apprennent à contrôler l'esprit, indiquent les obstacles qui peuvent nous empêcher de le faire, nous montrent comment les surmonter et nous disent à quoi nous pouvons nous attendre en suivant les étapes du Raja yoga .

Le Raja yoga s'intéresse à la maîtrise de l'esprit par le développement de tous les aspects de l'individu. Il commence par la quête de la perfection morale et éthique, la pratique de la concentration et de la méditation et culmine par le but ultime du yoga, l'unité avec le Divin – samadhi.

Cette voie traite directement de l'esprit. On l'appelle yoga «royal» – puisque «raja» signifie «roi» – et Ashtanga yoga qu'il ne faut pas confondre avec le style de yoga du même nom (voir chapitre 1). Ashtanga signifie huit parties. Il y a en effet huit membres ou étapes à franchir avant d'atteindre le samadhi. Cette voie convient particulièrement aux personnes qui s'intéressent à l'esprit et à son fonctionnement. Le Raja yoga englobe toutes les autres voies yogiques – voilà aussi pourquoi on l'appelle la «voie royale».

les huit degrés du Raja yoga

1. Yama (restrictions)

Ahimsa	Non-violence
Satya	Vérité
Asteya	Abstention de voler
Brahmacharya	Modération
Aparigraha	Non-possessivité

2. Niyama (recommandations)

Saucha	Pureté
Samtosha	Satisfaction
Tapas	Autodiscipline
Svadhyaya	Étude du Soi
Ishvara pranidhana	Abandon de soi à Dieu

3. Asanas (postures physiques)

4. Pranayama (maîtrise de la respiration)

5. Pratyahara (retrait ou maîtrise des sens)

6. Dharana (concentration)

7. Dhyana (méditation)

8. Samadhi (contemplation, absorption ou supra-conscience)

La pratique du Raja yoga peut améliorer toutes les capacités physiques et mentales. Pour que le «superhumain» fasse bon usage de ses capacités, le Raja yoga commence par développer ses aspects moraux et éthiques. Les yama et les niyama s'intéressent à notre manière de nous traiter et de traiter le monde qui nous entoure. Ce sont les règles yogiques qui améliorent la qualité de vie de chacun. Les codes de conduite des dix commandements des chrétiens et des Juifs et les dix vertus du bouddhisme leur ressemblent. Toutes les religions, toutes les voies spirituelles contiennent un code moral qui sert de base au comportement humain sur lequel il est possible de fonder une société aimante – si seulement on le mettait en pratique! Il importe de noter que les yamas et les niyamas sont des moyens d'atteindre le but du yoga; ce n'en sont pas les buts. La pratique et la compréhension des deux premières étapes facilitent grandement l'accès aux six autres (voir chapitre 9).

On fait les huit étapes du Raja yoga simultanément – il faudrait plusieurs vies pour réussir à perfectionner chacune des étapes avant d'entreprendre la suivante! Le samadhi est le point culminant des autres étapes. Le Raja yoga nous aide à éliminer les impuretés physiques et mentales pour que brille le soi véritable.

Le Raja yoga va plus loin qu'une simple morale du bien et du mal. Il conduit celui qui le pratique à comprendre et à expérimenter en profondeur la vraie nature de l'esprit, ce qui l'amène au soi véritable. Pour réussir, le Raja yogi ne dépend pas d'un objet de dévotion externe comme dans le Bhakti yoga. Il atteint la réalisation du Soi par l'autodiscipline et l'effort pour écarter, les unes après les autres, les couches de l'esprit.

4

Hatha-yoga
(postures physiques)

préparation à la pratique

- Si vous vous remettez d'une opération, d'une blessure ou d'une maladie récente, si vous devez prendre chaque jour des médicaments, consultez votre médecin avant de commencer une pratique de Hatha-yoga et avant de faire l'essai des postures contenues dans ce chapitre.

- À moins de faire du Hatha-yoga depuis longtemps, ne faites pas de postures si vous avez moins de 13 semaines de grossesse. Passé 13 semaines, voyez un professeur spécialisé en cours prénatals.

- Pendant les menstruations il faut éviter les postures inversées, opposées au flux de la nature. Elles peuvent parfois occasionner des hémorragies. Il vaudrait mieux éviter également tout ce qui exerce une pression sur la région abdominale. Ces jours-là, il vaut mieux faire davantage de relaxation, des exercices de respiration et de méditation ; essayer de se reposer, prendre soin de soi et se réénergiser.

- De deux à trois heures avant un cours, ne mangez pas. L'estomac plein, vous aurez peut-être du mal à réaliser les postures ; vous pourrez même vous sentir malade. Les postures interrompent la digestion, ce qui peut entraîner une indigestion. Buvez plutôt de l'eau pour favoriser le processus d'élimination. Si votre taux de sucre sanguin vous joue de vilains tours, buvez du jus de fruits une heure avant le cours.

- Essayez de ne pas manger pendant au moins une heure après le cours. Cela permet au corps de continuer à éliminer des toxines. Quand vous mangez, l'élimination s'arrête et la digestion commence.

- Portez des vêtements amples, confortables, de préférence faits de fibres naturelles qui absorbent la sueur et les toxines libérées durant les postures et qui permettent à la peau de respirer. Si vous avez froid aux pieds, mettez des bas (ordinaires).

- Parce qu'ils peuvent s'accrocher, vous blesser ou gêner vos mouvements, il vaut mieux retirer vos bijoux.

- Comme les lentilles cornéennes dures peuvent tomber, il vaut mieux les enlever.

- Utilisez une couverture pliée, un matelas de camping ou un matelas d'exercice pour faire vos postures. Assurez votre confort, surtout lorsque vous êtes allongé sur le ventre – comme les os des hanches se heurtent au sol, un peu de rembourrage peut faire la différence entre confort et inconfort. Si les matelas de yoga s'avèrent utiles pour les postures debout, il faut un peu plus de rembourrage pour les positions couchées. Pour apaiser l'esprit, il faut que la posture soit stable, ce qui est difficile à réaliser dans l'inconfort!

- Avec un oreiller ou un coussin vous pourrez vous asseoir et vous allonger sans mal.

- Question de régularité, si vous pratiquez à la maison, efforcez-vous de le faire chaque jour au même moment. Le lever et le coucher sont de bons moments. Le matin convient particulièrement bien puisque l'esprit n'est pas encore trop occupé. Mais vous pourriez fort bien préférer le soir, quand les enfants sont couchés et que toutes les tâches de la journée sont accomplies. Choisissez le moment qui vous va le mieux. Un moment où vous ne serez pas dérangé par le téléphone ou par votre esprit qui vous rappelle les milliers de choses encore à faire. Ce moment-là vous appartient; servez-vous en pour prendre soin de vous.

- Si vous optez pour des pratiques du matin, sachez que le corps y est un peu moins souple. Commencez en douceur; laissez à votre corps la chance de se réchauffer.

exécuter les postures

- Peu importe la posture, ne forcez pas.

- Au moindre inconfort, mettez fin à la posture et reposez-vous. N'attendez surtout pas d'avoir mal !

- Respirez doucement. Si vous constatez que vous retenez votre souffle ou respirez par à-coups, c'est probablement que vous forcez. Si c'est le cas, vous dérangerez forcément votre esprit ; mettez plutôt fin à la posture et reposez-vous. Souvenez-vous : vous cherchez à revitaliser votre corps, pas à l'épuiser !

- Nous portons souvent des jugements durs à notre encontre : «Je ne peux pas faire cela»; «je suis incapable»; «je déteste... », etc. Il faut plutôt apprendre à parler de soi avec espoir, avec affection, à bien s'occuper de son corps. Quand une posture nous donne du mal, il faut nous visualiser plus loin dans la posture. Chacune des cellules du corps réagira aux images et aux pensées de l'esprit, c'est pourquoi il importe de «cultiver des pensées divines» (Swami Sivananda).

- Acceptons-nous tel que nous sommes. Si nous souhaitons du changement, nous devons d'abord accepter la réalité. La flexibilité importe peu : le yoga n'a rien d'une compétition. Peu importent nos capacités ou nos actes, les séquences de postures bénéficient au corps, aux émotions et à l'esprit.

● Ne tendez pas inutilement quelque partie du
corps que ce soit. Plus vous serez détendu, plus
votre corps s'étirera naturellement.

● Si vous faites de petits mouvements rapides, sac-
cadés, votre corps se tendra ; vous ne vous étirerez pas autant et vous risquerez de vous blesser.

● En vous détendant, vous libérerez votre
corps de ses tensions, ce qui libérera
votre esprit de l'accumulation de stress et
d'angoisse.

● Gardez les yeux fermés, vous vous concentrerez
mieux sur ce qui se passe en vous et échappe-
rez à certains vagabondages de votre esprit.

● Concentrez-vous sur votre corps ou sur votre
respiration. Prenez conscience de ce qui travaille
dans votre corps. Où sentez-vous le plus la
posture ? À l'expiration, dites à cette partie du
corps de lâcher prise ou de se détendre.

Le yoga échappe à la compétition. Il vous est
bénéfique, peu importe votre flexibilité !

les asanas

Quand j'ai réfléchi aux asanas ou postures
que je mettrais dans cet ouvrage, j'ai décidé
de vous donner une séance de Hatha-yoga
équilibrée, qui ferait travailler toutes les parties, tous les systèmes de votre corps. C'est
le cours de base de Hatha-yoga de niveau
1, tel qu'on l'enseigne en Yoga intégral. La
séance est faite de 12 asanas classiques et
de quelques variations que vous pouvez
soit ajouter à votre séance, soit considérer
comme des remplacements. Une fois
familiarisé avec la séquence vous pourrez
passer d'une posture à l'autre tout en gardant votre respiration et votre esprit concen-
trés sur ce que vous faites. Votre séance
deviendra ainsi une méditation en mouvement. Vous pourrez ensuite ajouter une relaxation profonde, des exercices de respiration, et une courte méditation qui favoriseront votre santé et votre bien-être général.

Si vous décidez ensuite d'aller suivre un
cours de yoga, vous serez déjà familiarisé
avec certaines des postures les plus
populaires et les plus bénéfiques.

Il vaut mieux bien faire quelques postures
et les garder plus longtemps que d'en faire
beaucoup. L'asana est une posture ferme et
stable. Ne dépassez pas la limite de temps
suggérée pour chacune des postures
jusqu'à ce que vous puissiez tenir

confortablement tout en restant concentré. Vous pourrez alors garder la pose plus longtemps; les bénéfices que vous en tirerez seront accrus, votre esprit sera plus calme, plus concentré.

Chercher sans cesse à faire de nouvelles postures, c'est continuer de chercher votre bonheur à l'extérieur au lieu de vous satisfaire de ce que vous avez. Le bonheur vient de l'intérieur. Cessez de chercher la nouveauté. Augmentez la durée des postures et commencez à vivre l'esprit tranquille, paisible qui naît de la conscience intérieure.

Le Hatha-yogi expérimenté fait peu de postures, mais il les maintient plus longtemps et garde son esprit concentré.

Le yoga n'a rien à voir avec la gymnastique ou avec le spectacle. Nul besoin de compétitionner –

même pas avec vous-même. Respectez vos capacités, acceptez ce que vous avez. Peu importe les postures que vous faites, sachez que votre corps, votre énergie, vos émotions, votre esprit et votre âme en bénéficient.

Les postures sont divisées en six parties : réchauffement, postures debout; flexions arrière, flexions avant; postures inversées; torsions; suivies d'une posture finale.

La séance classique de 12 postures comprend : Netra Vyaayaamam (mouvements oculaires), Surya Namaskaram (Salut au soleil), Bhujangasana (posture du Cobra), Ardha Salabasana (posture de la Demi-sauterelle), Salabasana (posture de la Sauterelle), Dhanurasana (posture de l'Arc), Janur-sirshasana (posture Tête-genou), Paschimot-tanasana (posture de la Pince), Sarvanga-sana (posture sur les Épaules), Matsyasana (posture du Poisson), Ardha Matsyendra-sana (posture de Torsion vertébrale assise) et yoga mudra (geste symbolique).

organiser votre propre séance

- Une fois familiarisé avec les postures, la séance devrait durer de 30 à 45 minutes. Quand vous pourrez tenir les postures plus longtemps, vous en ferez moins. Adaptez à vos besoins la série de postures et le temps de la séance.

- Si vous disposez de peu de temps, assurez-vous d'équilibrer votre séance. Faites un réchauffement, une flexion arrière, une flexion avant et une torsion ou une flexion arrière, une flexion avant et une posture inversée. Finissez toujours par le yoga mudra pour apaiser l'esprit et éveiller la conscience.

- Ajoutez au besoin une ou deux postures debout après le Salut au soleil ou après les torsions.

- Si vous faites une séance plus longue, prenez le temps de vous reposer entre les postures et entre les différentes parties.

mettre au point une pratique

Si vous avez envie de pratiquer régulièrement mais avez du mal à vous discipliner, commencez par ne pratiquer qu'une seule posture par jour, de préférence toujours au même moment de la journée. Si vous vous dites que vous allez faire du yoga pendant une heure ou une demi-heure chaque jour, votre esprit trouvera des tas d'autres choses à faire : vous manquerez de temps. Pour en faire une habitude régulière, commencez par un but accessible. Une fois que vous ferez régulièrement une posture, vous pourrez en ajouter d'autres. En général, les étudiants constatent que s'ils parviennent à faire leur posture quotidienne, ils se sentent si bien qu'ils en font une de plus, et puis une autre encore... Traitez votre esprit comme un enfant - soyez ferme et aimant : persuadez-le que vous ne ferez qu'une seule posture. «Juste une autre cuillerée!» : vous vous souvenez?

observer les postures

Si vous trouvez certaines de ces postures trop difficiles, essayez les alternatives ou les modifications qui leur ont été apportées. Rien ne presse. Prenez le temps de découvrir comment votre corps réagit aux différentes postures. Constatez leurs effets sur votre esprit et vos émotions. Ce faisant, vous pourrez apprendre beaucoup sur vous-même.

Le corps est un reflet de l'esprit. Le yoga vous apprend à comprendre le corps, ce qui vous amène à mieux comprendre l'esprit. Débarrassez votre corps des tensions et vous libérerez votre esprit des tensions et de l'anxiété. Faites en sorte que votre corps gagne en flexibilité, et jouissez d'un esprit souple, capable de s'adapter facilement à différentes personnes, de s'ajuster aisément à différentes situations. On dit que la raideur corporelle reflète la rigidité de l'esprit, l'inca-pacité d'accepter le changement. Dans la mort, paraît-il, le corps peut-être plié en deux : la poitrine reposant sur les cuisses! «Tout est bien qui plie bien!», dirait mon maître, Sri Swami Satchidananda.

J'avais une étudiante agoraphobe qui souffrait de crises de panique graves sitôt qu'elle quittait la maison. Je lui ai enseigné chez elle pendant plusieurs années. Elle n'aimait ni le Salut au soleil ni les

postures debout. Entre les cours, elle prati-quait régulièrement, mais «oubliait» ce réchauffement. Pendant un cours, nous avons discuté ce qu'elle n'aimait pas du Salut au soleil. Elle sentait de l'inconfort? Elle avait du mal à le faire? Elle a tout à coup pris conscience que les postures lui procuraient des sentiments d'énergie et de confiance, sentiments pour elle inconnus qui la mettaient mal à son aise. Elle avait l'habitude

de rester chez elle, effrayée. Malgré le désagrément, c'était tout à fait normal puisque sa survie même dépendait de ces sentiments négatifs. Elle a remarqué ses sentiments, les a admis et acceptés, et puis s'est efforcée de travailler les postures, la respiration profonde et l'affirmation de soi, ce qui a transformé son existence. Un jour, elle m'a téléphoné pour me dire qu'elle était allée seule au supermarché. En moins de deux mois, elle faisait la lecture hebdomadaire à l'église de sa paroisse, chose qu'elle n'aurait jamais pu même imaginer!

réchauffer le corps, concentrer l'esprit

Avant d'entreprendre votre séance, prenez quelques instants pour vous asseoir et laisser votre esprit s'apaiser. Si vous pratiquez le soir, abandonnez toutes les tensions de la journée. Concentrez-vous sur le moment présent.

Assoyez-vous confortablement, jambes croisées ou à genoux, peu importe.

avant de commencer

Avant d'en faire l'essai, lisez toutes les instructions et les modifications qui se rapportent à une posture et imaginez la manière de l'exécuter.

Deux choses encore : amusez-vous et souriez!

postures de méditation – postures assises

sukhasana (posture Facile)

Croisez simplement les pieds sous les
cuisses…

… ou bien assoyez-vous, une jambe posée
devant l'autre.

ardha padmasana
(posture du Demi-lotus)

1

Assoyez-vous, les deux jambes étendues.

2

Pliez le genou droit et ramenez-le vers la poitrine.

Attention : si vous éprouvez le moindre inconfort dans les genoux et dans les hanches, revenez en Sukhasana.

3

Et puis, laissez-le retomber de côté.

4

De votre avant-bras droit, enveloppez la jambe et tenez le mollet. De la main gauche, tenez la cheville, comme pour bercer la jambe.

5

Posez doucement le dessus du pied droit sur la cuisse gauche et détendez le genou en le laissant retomber vers le sol.

6

Si vous vous sentez bien, pliez la jambe gauche et placez le pied sous la cuisse droite.

variations

- Si vous avez du mal à vous asseoir sur le sol en gardant le dos droit, assoyez-vous au bord d'un coussin. Vous redresserez ainsi le pelvis, soulagerez la tension dans le bas du dos, et pourrez garder une position plus droite.

- Si vous vous agenouillez, soulevez les fesses et placez un coussin entre l'arrière des cuisses et le dessus des mollets, ce qui rendra la position beaucoup plus confortable. Si vous préférez, vous pouvez vous asseoir dos au mur ou utiliser une chaise. Vous devez être à l'aise et garder le dos droit.

concentration

- Pensez à votre posture. Assurez-vous que vos jambes ne subissent aucune tension inutile. Répartissez votre poids également. Détendez le ventre. Étirez la colonne. Laissez retomber les épaules vers l'arrière. Détendez le visage. Souriez légèrement pour mieux le détendre.

- Prenez une grande inspiration. À l'expiration, soupirez et relâchez toute tension physique et mentale.

- Pour prendre conscience de votre respiration, remarquez l'air frais qui entre dans votre nez et l'air chaud qui en ressort. Ne forcez pas votre respiration : contentez-vous d'observer son rythme. Avec l'immobilité, elle ralentira et votre esprit trouvera le calme.

- Après une minute, vous pourrez commencer tout doucement le réchauffement du corps.

- Le réchauffement prévient les entorses, les blessures, et donne plus de souplesse et de flexibilité à vos postures. Mentalement, passez le corps en revue et voyez les parties qui auront besoin d'un peu plus d'attention pendant la séance de Hatha-yoga.

netra vyaayaamam (mouvements oculaires)

Le Hatha-yoga fait travailler toutes les parties du corps, même les yeux. Les mouvements oculaires aident à renforcer et à tonifier les muscles des yeux et les nerfs optiques. Ils aident à soulager les yeux fatigués et peuvent même améliorer la vision lorsqu'on les pratique régulièrement. Vous pouvez les faire à n'importe quel moment de la journée, surtout si vous travaillez à l'ordinateur.

Avant de commencer, retirez vos lunettes ou vos lentilles cornéennes. Vous bougerez les yeux dans toutes les directions jusqu'aux confins de la vision. Allez aussi loin que vous le pouvez sans effort.

mouvements verticaux

- En gardant la tête immobile, regardez en haut, puis en bas. Répétez huit fois.
- Ramenez le regard au centre et fermez les yeux. Laissez-les reposer un instant.

mouvements horizontaux

- En gardant la tête immobile et les épaules détendues, ouvrez les yeux et portez votre regard à l'extrême droite.
- En suivant une droite imaginaire, ramenez les yeux au centre et puis vers l'extrême gauche. Répétez huit fois.
- Ramenez le regard au centre et fermez les yeux.

mouvements circulaires complets

- Ouvrez les yeux et regardez vers le haut.
- Faites tourner lentement les yeux suivant le sens des aiguilles d'une montre, comme si vous en lisiez les chiffres. Si vos yeux sautent, c'est qu'il y a faiblesse musculaire ; déplacez les yeux encore plus lentement. Répétez quatre fois.
- Ramenez les yeux au sommet, puis au centre, et fermez-les.
- Ouvrez les yeux ; regardez vers le haut et puis faites-les tourner lentement dans le sens contraire des aiguilles d'une montre.

repos et détente des yeux

- Les yeux fermés, frottez vos paumes l'une contre l'autre pour les réchauffer.
- Posez vos paumes en coupe sur vos paupières. Laissez vos yeux reposer dans la chaleur et l'obscurité.
- Quand la chaleur diminue, d'un mouvement qui part du coin de l'oeil en direction des oreilles, caressez doucement vos paupières du bout des doigts.

rotation cou – épaules

Pour la plupart, les gens accumulent énormément de tensions dans le cou et les épaules. Ces doux mouvements aident à dénouer ces régions, à les préparer pour les postures. Massez doucement les muscles du cou et du haut du dos. Faites-le aussi souvent que nécessaire.

cou

1 Laissez tomber la tête en avant; que son poids étire doucement le cou et le haut du dos. Comptez jusqu'à cinq. Relevez la tête.

2 Laissez tomber la tête vers la droite sans forcer, sans étirer. En expirant, dites à votre cou de lâcher prise. Comptez jusqu'à cinq. Redressez la tête.

3 Laissez tomber la tête vers la gauche. Gardez les épaules détendues. Comptez jusqu'à cinq. Redressez la tête.

4 Laissez tomber la tête vers l'avant. Lentement, doucement, tournez la tête vers la droite.

5 Laissez tomber la tête et tournez-la vers la gauche. Répétez deux fois de chaque côté, plus au besoin.

épaules

1

Coudes pointés en direction du sol, placez
le bout des doigts sur les épaules.

2

À l'inspiration, relevez les coudes jusqu'au
niveau des épaules, plus haut si vous
pouvez le faire sans forcer.

3

Amenez les bras vers l'arrière, pour donner
de l'expansion à la poitrine. À l'expiration,
faites une rotation des coudes avant de les
ramener vers le bas. Faites de grands
mouvements circulaires. Répétez de quatre
à six fois.

Répétez en faisant les rotations dans la
direction opposée.

Étirement dos – bras

1

Assoyez-vous bien droit, les mains posées
sur les pieds, doigts croisés.

2

En prenant une inspiration profonde, étirez
les bras devant vous, tout en poussant les
paumes vers l'extérieur.

3

Élevez les bras au-dessus de la tête, étirez et
regardez vers le haut. Gardez la pose en
comptant jusqu'à trois – ou jusqu'à cinq.

4

En expirant, décroisez les doigts et descendez latéralement les bras en les étirant. Étirez aussi les doigts. Laissez tomber la tête vers l'avant. Répétez de deux à quatre fois.

Afin de prévenir les manifestations physiques du stress, répétez ces mouvements de réchauffement tout au long de la journée. Au lieu d'avaler une tablette de chocolat au milieu de l'avant-midi faites une pose étirements. Demandez à vos collègues de se joindre à vous. Vous stimulerez votre corps, viderez votre esprit, améliorerez votre concentration et la clarté de votre pensée. Comme la tension ne s'accumulera plus dans votre corps et votre esprit durant la journée, vous ne vous sentirez pas aussi fatigué le soir venu.

Vous pourriez ajouter deux mouvements à votre routine de bureau. Soulevez les pieds et puis rebaissez-les. Faites ensuite des rotations des chevilles dans le sens des aiguilles d'une montre et en sens contraire. Ces mouvements préviennent l'accumulation de sang dans les pieds et améliorent la circulation.

Si vous travaillez beaucoup au clavier étirez les bras et les doigts, gardez la pose trois secondes et relâchez. Répétez quatre fois. Faites ce genre de pause pendant une minute toutes les heures.

posture du Chat (balancement pelvien)

Cette posture cherche à détendre le dos et la colonne vertébrale. Les balancements pelviens aident à préserver la flexibilité et la force de la colonne vertébrale ; ils éliminent les inconforts et les tensions. Ils contribuent au soulagement de la tension et de la pression dans les nerfs qui partent de la colonne vertébrale. En situation de stress, ces mouvements simples faciliteront le fonctionnement adéquat du système nerveux parasympathique.

1

Mettez-vous à quatre pattes, genoux et hanches alignés, pieds séparés ; mains et épaules alignées, doigts étendus, poids équitablement réparti sur le sol. Ne bloquez pas les coudes. Si vous êtes sujet aux crampes dans les pieds, gardez les orteils repliés.

2

Inspirez. À l'expiration, penchez la tête en dirigeant votre regard vers vos genoux. Au même moment, rentrez le bassin ; arrondissez le dos.

3

Inspirez. Levez les yeux vers le plafond et ressortez le bassin en creusant doucement le dos.

Imaginez un chat qui s'étire. Respirez profondément et essayez d'harmoniser le mouvement et la respiration – ce qui favorisera la concentration et contribuera à apaiser votre esprit. Répétez de quatre à six fois.

variations

1

Expirez et tournez la partie supérieure du corps vers la droite. Tournez la tête vers vos talons en étirant les hanches vers la gauche.

2

Inspirez et ramenez le tronc et les hanches au centre. Expirez et tournez la partie supérieure du corps vers la gauche et les hanches vers la droite. Répétez de quatre à six fois.

1

Expirez et tournez la tête, le tronc et les hanches vers la droite.

2

Inspirez et ramenez la tête et le corps au centre. Expirez; tournez la tête, le tronc et les hanches vers la gauche.

- Continuez l'exercice en changeant de côté à chacune des respirations. Répétez de quatre à six fois.

- En tonifiant les muscles latéraux, ces variantes accentuent les bienfaits de la posture du Chat. Elles font travailler les nerfs craniens; massent les reins et les glandes surrénales.

posture de l'Enfant

Pour finir votre réchauffement, voici une posture toute en douceur. Elle étire merveilleusement la colonne vertébrale et diminue les malaises dorsaux. Elle s'avère particulièrement efficace pour libérer la tension dans le bas du dos. La posture de l'Enfant masse doucement la région abdominale et peut soulager les crampes menstruelles.

1

Passez en posture de l'Enfant depuis la posture du Chat.

2

Gardez les mains sur le sol et assoyez-vous doucement sur vos talons. Sentez vos bras et vos épaules s'étirer.

3

Ramenez les bras derrière vous et laissez-les reposer sur le sol, les paumes vers le haut; détendez vos épaules. Gardez la posture de 30 à 60 secondes.

Pour revenir à la position initiale, tendez le menton vers l'avant et soulevez-vous lentement. Au besoin, aidez-vous de vos mains.

Inspirez profondément et expirez en soupirant : «Aaaaaaah!»

variation

Si vous sentez trop de pression dans la tête lorsque vous tenez la posture de l'Enfant, ramenez les bras vers l'avant tout en gardant les avant-bras au sol. Fermez les poings et placez-les l'un sur l'autre et posez-y la tête. Si vous sentez trop de pression dans la région abdominale, utilisez les poings et écartez les genoux tout en joignant les pieds.

surya namaskaram (Salut au soleil)

Voici une séquence de 12 postures qui se fondent les unes aux autres. Elle constitue un bon réchauffement, parce qu'elle dégourdit le corps et tonifie le système tout entier. Elle étire et fortifie les muscles de l'avant et du dos; préserve la force et la flexibilité de la colonne vertébrale; améliore la motilité des articulations; bonifie la circulation sanguine et énergise le corps et l'esprit.

Le matin, quand vous n'avez pas le temps de faire une séance complète, la suite du Salut au soleil réveille le corps et l'esprit, et les prépare pour la journée. Comme elle plie et étire la colonne vertébrale, ce qui libère la tension nerveuse et vous aide à décrocher, elle convient aussi bien à la fin d'une journée stressante.

Avec la pratique vous vous familiariserez avec la séquence de postures. Une fois les postures maîtrisées, faites la séquence lentement, en étirant chacune des parties du corps; ou bien accélérez le mouvement pour en faire une sorte d'exercice aérobique.

Au début, vous vous demanderez comment exécuter les différentes postures, mais vous finirez par passer fluidement de l'une à l'autre au rythme de votre respiration. J'ai déjà montré comment respirer, mais ne vous en occupez pas tant que vous n'aurez pas maîtrisé complètement la séquence. En règle générale, vous inspirez quand votre poitrine est dilatée ou quand vous ouvrez le corps et vous expirez quand vous refermez, quand vous repliez ou que vous comprimez la poitrine. Respirez à fond pour oxygéner le sang et rendre davantage d'énergie disponible pour les muscles. Voyez le chapitre 6 pour la respiration profonde en trois parties, qui vous enseigne à inspirer un volume sept fois plus élevé d'oxygène qu'à la normale.

position un

a

Tenez-vous debout, les pieds collés ou légèrement écartés et parallèles. Répartissez votre poids équitablement entre vos pieds – des gros orteils et de la paroi externe des talons, poussez contre le plancher. Ramenez les paumes ensemble contre votre poitrine.

b

Abaissez les épaules et tenez-vous droit en étirant la colonne vertébrale. Imaginez que quelqu'un vous tire par une corde fixée au sommet de votre tête. Étendez les deux bras devant vous, parallèlement au sol.

position deux

Inspirez. Étendez les bras de chaque côté et remontez-les au-dessus de la tête; croisez les pouces.
Étirez-vous et pliez légèrement les genoux. Inclinez le bassin vers l'avant et arquez le dos un peu. N'arquez pas trop et ne tenez pas la posture trop longtemps : vous pourriez devenir étourdi ou vous évanouir.

1a   1b

variation

Avec l'expérience, vous étirerez davantage vers l'arrière. Au fur et à mesure que vous arquez le dos vers l'arrière, poussez le bassin vers l'avant.

position trois

a

Expirez. En gardant le dos droit et les bras proches des oreilles, les pouces toujours croisés, penchez-vous vers l'avant à partir des hanches.

b

Laissez tomber la tête et le tronc vers l'avant. Ramenez le visage en direction des genoux.

variation

Avec la pratique, vous pourrez placer vos mains derrière vos mollets ou vos chevilles et tirer le torse vers les jambes.

position quatre

Inspirez. Au besoin, fléchissez les genoux et posez les paumes au sol, de chaque côté des pieds, le bout des doigts aligné avec les orteils. Ne vous en faites pas si vous n'arrivez pas à poser les paumes au sol. Posez le bout des doigts mais assurez-vous de les aligner avec les orteils. Étirez vers l'arrière la jambe gauche aussi loin que possible et laissez tomber le genou au sol. Laissez descendre le bassin vers le sol tout en vous portant vers l'avant. Laissez tomber les épaules, redressez la tête et imaginez que vous étirez toute votre colonne vertébrale.

3a

3b

position cinq

Expirez. Ramenez le pied droit vers l'arrière en élevant les fesses jusqu'à ce que votre corps forme un angle droit. Mettez-vous sur la pointe des pieds. Ramenez votre tête entre vos bras et portez votre regard vers vos pieds. Abaissez lentement les talons au sol.

6a

position six

a

Inspirez. Abaissez les genoux au plancher. Gardez les orteils repliés vers l'avant.

b

En maintenant une légère élévation des hanches, abaissez la poitrine et le menton – ce qui vous demandera un peu de pratique. En général, cette posture donne du mal aux femmes puisqu'elle demande beaucoup de force à la partie supérieure du corps. Tenez bon.

6b

position sept

7

Retenez votre souffle. En ramenant le poids de votre corps vers l'avant, abaissez le bassin au sol. Soulevez la tête, le cou et la poitrine tout en gardant les épaules basses et les coudes repliés.

8

position huit

Expirez. Reprenez la position de l'angle droit, talons vers le sol, tête entre les bras.

position neuf

Inspirez. Ramenez le pied gauche vers l'avant, pour le placer entre les mains. Abaissez le genou droit au sol. Laissez tomber les épaules et regardez droit devant vous.

9

variation

Si vous ne réussissez pas à ramener le pied entre vos mains.

1

Tendez le pied vers l'avant, aussi loin que vous le pouvez.

2

Portez le genou droit au sol.

3

Placez la main gauche derrière la cheville gauche.

4

Et puis, ramenez le pied gauche vers l'avant, un peu plus près des mains, ce qui favorisera la détente des hanches.

10

position dix

Expirez. Ramenez le pied droit vers l'avant, à la hauteur du pied gauche. Au besoin, gardez les genoux pliés et laissez tomber la tête vers les genoux.

position onze

a

Inspirez. Croisez les pouces. En gardant les bras au-dessus de la tête parallèlement aux oreilles, le dos droit, étirez-vous en vous redressant.

b

Pliez les genoux, poussez le bassin vers l'avant et courbez légèrement le dos. Un étirement pour les plus expérimentés!

11a

11b

position douze

● Expirez et revenez à votre respiration
normale. Mettez les paumes au repos
l'une contre l'autre devant la poitrine.
Ramenez les bras le long du corps,
fermez les yeux et détendez-vous.

● Prenez conscience des sensations corpo-
relles. Imaginez que cette impression de
chaleur, de fourmillement est une lumière
blanche, le prana, l'énergie vitale. Répétez
la séquence trois fois, ou plus.

● Après Surya Namaskaram vous pouvez
vous allonger en Savasana, la posture de
Relaxation, ou bien exécuter l'une des
postures debout. Comment vous sentez-
vous? Si vous êtes essoufflé, il vaudrait
peut-être mieux vous reposer; autrement,
laissez votre respiration revenir à la
normale, et puis exécutez une ou deux
postures debout.

12

savasana (posture de Relaxation /du Cadavre)

Entre les postures, le repos permet au corps de se détendre complètement. Il laisse le sang circuler librement, ce qui élimine les toxines libérées pendant les postures; il vous donne l'occasion d'observer les effets de la posture précédente et d'en assimiler les bienfaits.

- Allongez-vous sur le dos, les pieds écartés suivant le prolongement des hanches, ce qui favorise la détente des hanches et soulage la tension dans le bas du dos.

- Écartez les bras du corps, paumes tournées vers le haut; laissez les épaules se détendre et s'affaisser.

- Laissez reposer confortablement votre tête sur le sol ou sur un coussin.

- En gardant la tête au sol, rentrez le menton pour étirer et détendre le cou.

- Inspirez à fond et expirez par la bouche en soupirant : ahh.

- En pensée, dites au corps de lâcher prise.

- Constatez les effets des postures. Si vous éprouvez la moindre tension, le moindre inconfort, inspirez en visualisant cette partie du corps et expirez en lui ordonnant de se détendre. (Pour une explication plus détaillée, voir le chapitre 5, yoga Nidra, ou relaxation profonde.)

postures debout

vrikshasana (posture de l'Arbre)

La posture est équilibrante et, comme toutes les postures de ce genre, elle améliore l'équilibre, purifie le système nerveux et bonifie la concentration. L'équilibre vous oblige à concentrer votre esprit : vous découvrirez que l'équilibre et la concentration vont de pair. Quand l'esprit vagabonde le corps fait de même. D'ordinaire il est plus difficile de garder l'équilibre à la fin d'une journée stressante. L'Arbre tonifie les jambes, renforce les os et les articulations. La posture contribue aussi à ouvrir le bassin, à dégager la poitrine, à relâcher les épaules et à tonifier les bras.

position du pied de soutien

Placez votre poids sur le pied droit.
Écartez les orteils et répartissez également
le poids.

positions du pied soulevé

1

Si vous avez du mal à trouver l'équilibre,
placez le talon gauche sur le pied droit.
Vous trouverez plus facilement l'équilibre en
exerçant une poussée vers le sol; si vous
vous contentez de poser doucement votre
pied, vous aurez plus de difficulté.

2

Placez le pied gauche à l'intérieur du genou
droit. Le genou relevé pointe vers l'extérieur.

3

Placez la plante du pied relevé sur la face
interne de la cuisse de soutien. Poussez les
deux jambes l'une contre l'autre. Prenez
garde de ne pas pousser la hanche de
soutien de côté, de ne pas lui faire perdre
son alignement. Poussez le genou relevé
vers l'arrière, ce qui ouvre la hanche.

Avec le temps, posez le dessus du pied
sur le haut de la cuisse de soutien, à la
jonction de la cuisse et de la hanche. Le
genou pointe alors vers le bas.

positions des bras

1

Joignez les paumes devant la poitrine.
Épaules détendues, portées vers l'arrière.
Soulevez la poitrine et donnez-lui de
l'expansion.

2

Quand vous serez en position 1, levez les
bras au-dessus de la tête en gardant les
mains jointes et les coudes légèrement
pliés. Travaillez à repousser les coudes vers
l'arrière en gardant les mains jointes et les
épaules baissées.

Avec le temps vous réussirez à garder les
mains jointes au-dessus de la tête, les
coudes dépliés. Gardez la pose, respirez à
fond.

mettre fin à la posture

- Pour conserver les bienfaits d'une pose
  d'équilibre, il importe d'y mettre fin
  tranquillement. Abaissez lentement les
  bras, puis la jambe.

- Vous souhaiterez sans doute retirer le poids
  de la jambe de soutien et la secouer
  doucement pour en retirer toute tension et
  détendre les muscles. Au début, gardez la
  pose de 20 à 30 secondes.

posture de l'Arbre, suite...

équilibre

Pour vous aider à garder l'équilibre, fixez du regard un point du plancher ou du mur devant vous. Comptez vos respirations tout en les laissant devenir régulières et profondes.

Si vous avez du mal à garder votre équilibre, tenez-vous près d'un mur et exécutez la posture comme prévu. Si vous perdez l'équilibre, vous pourrez reposer le coude levé sur le mur pour solidifier la posture. Vous pouvez aussi utiliser cette technique avec le genou levé vers le mur ou les talons à une dizaine de centimètres du mur. Adossez-vous au mur pour amener le pied levé en position. Joignez les paumes devant vous et redressez-vous en vous poussant du mur. Quand vous perdrez l'équilibre, vous pourrez vous reposer sur le mur.

Certains élèves trouvent que le seul fait d'exécuter la posture à proximité d'un mur améliore leur équilibre.

natarajasana (posture du Seigneur de la danse)

Cette posture maintient et accroît l'équilibre, améliore la concentration. Elle renforce et tonifie les jambes, ouvre les hanches et les épaules.

1

Faites porter votre poids sur le pied droit. Écartez les orteils et répartissez le poids.

2

Fixez votre regard. Pliez le genou gauche et, de la main gauche, saisissez par derrière la cheville ou le pied. Tenez-vous droit ; soulevez la poitrine.

3

Levez le bras droit parallèlement à votre oreille. Étirez le bras sans lever l'épaule.

Une fois que vous vous sentez stable, commencez, du pied gauche, à exercer une pression dans la main à la fois vers le haut et vers l'extérieur. Étirez le torse sur toute sa longueur, soulevez la poitrine. Allongez et arquez doucement le dos. Si votre équilibre est stable, levez les yeux vers le plafond.

Comme pour la posture de l'Arbre, vous pouvez exécuter la posture à proximité d'un mur et vous y appuyer si vous perdez l'équilibre. Votre pied gauche devrait se trouver à une quinzaine de centimètres du mur.

mettre fin à la posture

Faites lentement les mouvements en sens inverse pour ne pas perdre l'énergie concentrée, équilibrée.

Si vous en avez besoin, vous pouvez soulager la tension dans la jambe de soutien et le bras, mais faites-le doucement, pour ne pas disperser l'énergie. Pour commencer, gardez la pose de quatre à dix secondes.

trikonasana
(posture du Triangle)

Cette posture contribue à dégager les hanches, la poitrine et les épaules. Elle étend
bien la colonne vertébrale latéralement. Elle
étire, tonifie les muscles des jambes et
développe les muscles intercostaux de la
cage thoracique. La posture presse le
système digestif et aide à tonifier la taille.
Elle peut aussi favoriser le soulagement des
maux de dos et des crampes menstruelles.

1

Écartez les jambes d'environ un mètre.
Tournez le pied droit à 90 degrés. La talon
gauche au sol, tournez légèrement le pied
vers l'intérieur. Assurez-vous que le talon du
pied droit se trouve aligné avec le cou-de-
pied gauche. Mettez les mains à la taille, les
hanches et les épaules face à l'avant.

2

Inspirez. Levez les bras au-dessus de la
tête, ce qui soulève la cage thoracique.

3

Expirez en ramenant les bras à la hauteur
des épaules, parallèlement au plancher. Ne
soulevez pas les épaules. Raidissez les
cuisses pour faire en sorte que les
quadriceps droits soulèvent vos genoux.

4

Expirez. Poussez le bassin vers la gauche
en étirant le torse vers la droite, de sorte
que votre poitrine surplombe votre jambe
droite. Les hanches sont tournées vers
l'avant.

5

Faites descendre la main droite le long
de la jambe aussi loin que vous le pouvez.
Paume de la main tournée vers l'avant, le
bras gauche pointe vers le plafond.

6

Faites rouler l'épaule supérieure vers
l'arrière. Détendez-vous. À chacune des
expirations, travaillez la rotation de l'épaule.
Si vous le pouvez, tournez la tête et le
regard vers la paume de votre main
gauche. Si le cou vous fait mal, fixez
plutôt le sol.

● Assurez-vous de garder les épaules
détendues, tombantes. Pliez le corps
depuis les hanches, pas depuis la taille. Si
vous avez mal lorsque vous gardez les
hanches droites, laissez la hanche
douloureuse rouler un peu vers l'avant.
Après quelques respirations, vous tenterez
de la ramener en place.

mettre fin à la posture
- Inspirez. Soulevez les bras pour les ramener sur les côtés.

- Détendez les bras et prenez une grande inspiration.

- Ramenez les pieds : pied gauche vers l'extérieur, pied droit vers l'intérieur. Répétez de l'autre côté. Au début, gardez la pose l'espace de quatre à dix respirations, environ 15 secondes de chaque côté.

variations
Si l'épaule vous fait mal, mettez la main sur la hanche. Si le cou vous fait souffrir, regardez plutôt le sol.
- Pour protéger vos genoux, tournez le pied arrière un peu plus vers l'intérieur.

- Le bras baissé peut reposer sur la cuisse ou le tibia. Si vous préférez, posez la main sur un bloc ou sur une chaise.

- Pour vous assurer que le torse et les jambes se trouvent sur un même plan vertical, exécutez Trikonasana contre un mur. Placez le talon gauche contre le mur et le droit à l'opposé du cou-de-pied gauche. En faisant la posture, gardez la hanche droite et les épaules contre le mur. Ne forcez pas la hanche gauche à faire contact avec le mur. Tendez plutôt la hanche droite vers le bas.

virabhadrasana II (posture du Guerrier II)

Il existe trois postures du Guerrier. Nous n'en ferons qu'une puisque les autres demandent plus d'expérience. Le Guerrier II donne de la force et de l'endurance. La posture renforce et tonifie le mollet, les quadriceps, et les muscles fessiers. Elle dégage les hanches et les épaules, tonifie les bras, développe la poitrine, accroît la capacité pulmonaire et étire les muscles de la poitrine. Elle tonifie les muscles abdominaux et les organes, ce qui facilite la digestion. Dans tout le corps, elle améliore la circulation sanguine et le flux d'énergie.

1

Écartez les jambes d'environ 1,2 mètre. Tout en gardant les talons au sol, tournez le pied droit vers l'extérieur de 90 degrés et le pied gauche légèrement vers l'intérieur. Assurez-vous que le talon droit forme une ligne droite avec le cou-de-pied gauche.

2

Inspirez et levez les bras au-dessus de la tête, ce qui soulèvera la cage thoracique.

3

À l'expiration, abaissez les bras à la hauteur des épaules, parallèlement au sol, paumes des mains tournées vers le bas. En gardant les épaules droites et abaissées, étirez les bras.

4

Toujours en expirant, pliez le genou droit pour former un angle droit. Pour protéger le genou, assurez-vous qu'il ne dépasse pas la cheville et ne perd pas son alignement vertical avec le pied.

Du pied arrière, poussez contre le sol. Étirez toute la jambe, depuis les orteils jusqu'à la fesse. Assurez-vous de répartir équitablement le poids entre les pieds. Rejetez doucement la hanche gauche vers l'arrière, ce qui fait travailler les articulations. Tournez la tête vers la droite et portez votre regard dans la même direction. À chacune des inspirations imaginez que vous soulevez la poitrine et que vous allongez la colonne.

À l'expiration, dégagez la poitrine et étirez les bras, en vous assurant qu'ils restent bien alignés. Le bras placé derrière ne doit pas s'incliner vers le bas. En respirant profondément, travaillez la posture. Répétez une affirmation positive comme : «J'ai confiance» ou «Je suis fort». Tenez la posture en respirant de façon régulière et profonde l'espace de 4 à 10 respirations ou de 15 à 30 secondes.

mettre fin à la posture

À l'inspiration, raidissez la jambe droite.

Abaissez le bras et ramenez le visage au milieu.

Ramenez les pieds en position et répétez du côté gauche.

variations

Au début vous pourriez exécuter la posture contre un mur. Le talon gauche contre le mur, placez l'extérieur du pied droit parallèlement au mur et à une distance d'environ 5 cm. En gardant les bras, les omoplates et la fesse droite en contact avec le mur, pliez le genou droit parallèlement au mur, et étirez-vous au-dessus du pied droit.

Ne vous forcez pas à faire un si grand écart; contentez-vous de travailler en tout confort.

Au début, vous aurez peut-être du mal à plier le genou à angle droit. C'est normal. Pliez autant que vous le pouvez sans inconfort; assurez-vous cependant que le genou reste aligné avec la cheville. Laissez la hanche arrière s'avancer un peu pour éviter des tensions et stabiliser le genou avant au-dessus de la cheville.

Si vous avez mal à l'un ou l'autre des genoux, mettez fin à la posture.

Si vous avez exécuté une ou deux postures debout après le Salut au soleil, prenez une minute pour vous reposer en Savasana (posture de Relaxation) avant d'entreprendre la prochaine section.

postures de flexion arrière

Après Savasana, roulez sur le ventre, la tête d'un côté et les bras le long du corps, paumes par en haut. Écartez les jambes. Si vous avez tendance à souffrir de crampes dans les pieds, gardez les orteils repliés. Détendez les épaules, les fesses et les jambes.

Il s'agit de la posture de relaxation sur le ventre. Si vous avez mal au cou, relevez les bras, les mains l'une sur l'autre et laissez reposer les joues sur les mains ou bien gardez le front au sol.

Quand vous vous reposez entre les flexions arrière, faites alterner les joues pour que les deux côtés du cou se trouvent également étirés.

bhujangasana
(posture du Cobra)

La posture du Cobra contribue à conserver la flexibilité et la force de la colonne vertébrale et renforce particulièrement les muscles du haut du dos. Elle tire par derrière chacun des vertèbres et des ligaments qui y sont attachés, les irrigue de sang, et apporte des ajustements mineurs à la colonne vertébrale. Elle tonifie les muscles superficiels et les muscles profonds du dos. Elle libère l'énergie nerveuse tout le long de la colonne vertébrale et soulage la fatigue du dos. Bhujangasana dilate la poitrine et améliore la posture, ce qui contribue à prévenir la cyphose (l'arrondissement du haut du dos). La posture étire les muscles abdominaux et accroît la pression abdominale, ce qui favorise la tonification des organes abdominaux et améliore l'évacuation. Elle augmente la circulation du sang vers les organes sexuels et reproducteurs, ce qui contribue à la prévention des troubles utérins, ovariens et testiculaires.

1

Front au sol, collez les jambes. Placez les mains sous les épaules, les doigts pointés vers l'avant, à la hauteur des épaules. Les avant-bras ne touchent pas le sol, les coudes sont rentrés vers le corps. Les orteils sont étendus, à moins que vous ne souffriez de crampes dans les pieds.

2

Tendez les pieds vers le mur situé derrière vous pour étirer et allonger le bas du dos et pointez le menton vers l'avant. En allongeant la colonne vertébrale, vous prévenez la compression des vertèbres.

3

Sans utiliser vos mains, à l'inspiration, soulevez la tête et la poitrine. Allongez le cou. Gardez les épaules détendues, vers l'arrière, les fesses détendues et les talons collés. Ainsi, les hanches et les muscles lombaires sont alignés.

La posture doit être stable et vos respirations, égales. À chacune des inspirations, imaginez que vous allongez la colonne vertébrale et que vous créez de l'espace entre chaque vertèbre.

À chacune des expirations, laissez tomber les épaules, gonflez la poitrine et tirez doucement la tête vers l'arrière aussi loin que possible sans inconfort et sans comprimer le cou.

Concentrez-vous sur l'espace entre vos omoplates. Tenez la posture l'espace de 4 à 10 respirations, ou de 15 à 20 secondes. Répétez deux fois.

mettre fin à la posture

- En étirant le menton vers l'avant, abaissez doucement la poitrine. Ramenez d'abord le menton au sol, puis le front.

- Placez la tête de côté, ramenez les bras le long du corps et détendez le haut du dos. À l'expiration, dites mentalement à la partie supérieure de votre dos de lâcher prise.

variations

- Si vous avez l'impression de comprimer votre cou, baissez le regard vers le sol.

- Si la région lombaire vous fait mal, séparez les talons. Si vous avez toujours mal, essayez d'écarter les jambes.

- Poussez le bassin contre le plancher ; serrez les fesses.

- Si vous avez mal aux genoux, gardez les orteils repliés.

- Si vous souffrez de cyphose, regardez vers le bas, ramenez les bras en arrière, et les épaules l'une vers l'autre.

ardha salabasana (posture de la Demi-sauterelle)

La posture de la Demi-sauterelle renforce les muscles du bas du dos. Quand ces derniers sont faibles, ils ne soutiennent pas bien la colonne vertébrale. Avec le temps, le mouvement le plus banal, un étirement pour ouvrir une fenêtre par exemple, suffira à faire perdre l'alignement du dos et à causer de la douleur. Le sang fraîchement oxygéné alimente les vertèbres et les nerfs de la région lombo-sacrée. La pression abdominale très élevée vient accroître les bienfaits de la posture du Cobra et contribuer au bon fonctionnement de l'estomac, du foie, du pancréas, des reins et de l'utérus. La posture favorise l'élimination. Par ailleurs, comme l'oxygène pénètre dans les cellules inactives, l'élasticité des poumons se trouve améliorée, du sang frais irrigue le cerveau et les tissus faciaux.

variations

- Si l'arthrite affecte vos coudes ou vos poignets, gardez les bras le long du corps, paumes vers le bas.

- Si vous souffrez d'obésité, gardez aussi les bras le long du corps.

- Les femmes bien en chair devraient placer les bras à l'extérieur des seins sans comprimer ces derniers, qui devraient être soulevés et poussés l'un contre l'autre.

1

Allongez le menton sur le sol. En vous balançant d'un côté à l'autre, placez les bras sous le corps. Essayez de garder les coudes droits et le plus près l'un de l'autre que possible. Si vous le pouvez, croisez les pouces et posez les paumes contre les cuisses. Vous pouvez mettre les paumes à plat ou former des poings. Ces deux positions incitent toutefois à utiliser la force du torse pour lever les jambes. Collez les jambes, ce qui incitera à travailler les muscles situés à proximité de la colonne vertébrale.

2

Expirez. Étirez la jambe droite et, sans pousser sur la gauche, levez la jambe droite. Gardez le genou droit – quand il plie, la jambe continue de travailler, mais pas le bas du dos.

Répartissez le poids entre les hanches. Ne soulevez pas la hanche droite, ce qui lui imprimerait une torsion arrière ; gardez les hanches droites. Maintenez aussi le menton au sol. Concentrez-vous sur le bas du dos. Détendez-vous. En vous concentrant, abaissez la jambe et ramenez les pieds ensemble.

- Recommencez avec la jambe gauche. Gardez la posture pendant dix secondes. Répétez deux fois de chaque côté.

salabasana (posture de la Sauterelle)

La posture de la Sauterelle intensifie et multiplie les bienfaits de la posture de la Demi-sauterelle. Au début, vous aurez sans doute beaucoup de mal à l'exécuter. Si c'est le cas, continuez à faire la Demi-sauterelle jusqu'à ce que le bas de votre dos gagne en force.

Après la posture de la Demi-sauterelle, laissez les mains en place, pliez les coudes pour vous reposer un peu.

1

Préparez-vous comme pour la posture de la Demi-sauterelle : menton au sol, bras sous le corps, jambes ensemble.

2

Expirez; tendez et soulevez les deux jambes. Gardez les genoux droits. Avec le temps, vous pourrez tenir une feuille de papier entre les genoux. Concentrez-vous sur le bas de votre dos. Tenez la pose de 10 à 15 secondes.

Baissez les jambes; libérez les bras et posez la tête de côté. Détendez le bas du dos.

poorva nauasana
(posture du Bateau arrière)

Cette posture prépare efficacement la
suivante, l'Arc.

1

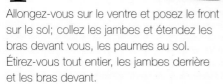

Allongez-vous sur le ventre et posez le front
sur le sol; collez les jambes et étendez les
bras devant vous, les paumes au sol.
Étirez-vous tout entier, les jambes derrière
et les bras devant.

2

Inspirez; en équilibre sur l'abdomen,
soulevez les deux moitiés du corps. Au
besoin, écartez les jambes mais gardez les
genoux droits. Détendez les épaules, tirez-
les vers l'arrière. Levez la tête sans
comprimer le cou. En gardant la pose de
15 à 20 secondes, respirez tout en vous
concentrant sur votre colonne vertébrale ou
sur votre nombril. Répétez si vous le
voulez.

3

Allongez-vous. Ramenez les bras le long
du corps et tournez la tête de côté.
Souvenez-vous de faire alterner la joue que
vous laissez reposer sur le sol. Détendez le
dos.

dhanurasana (posture de l'Arc)

La posture de l'Arc combine et accroît les bienfaits des postures du Cobra et de la Sauterelle. Avec l'âge, les mauvaises habitudes alimentaires et le stress, la colonne vertébrale perd de son élasticité. La pratique des flexions arrière, particulièrement celle de la posture de l'Arc, peut y remédier. La région du plexus solaire est revitalisée tandis que le massage et l'étirement soulagent la sensation d'anxiété qui affecte parfois la région abdominale. Cette posture masse aussi le foie, le pancréas, les reins et les glandes surrénales. Pour les organes internes, le massage s'avère aussi bénéfique et apaisant que pour le dos. Il libère les toxines et les tensions qui les habitent, ce qui les aide à travailler plus efficacement. La posture de l'Arc tonifie les jambes, les fesses et les bras, renforce les hanches et les épaules.

1

Posez le front sur le sol et pliez les genoux, en approchant les talons des fesses.

2

Étirez-vous vers l'arrière et saisissez vos pieds, vos chevilles ou vos jambes. Au début, pour ce faire, il vous faudra peut-être écarter les jambes.

3

En contractant les mollets et les cuisses, poussez les pieds dans les mains et voyez si vous parvenez à soulever les jambes, la tête et la poitrine. Assurez-vous de lever d'abord les jambes; quand vous soulevez d'abord la tête et la poitrine, vous avez plus de mal à lever les jambes.

travailler la posture

- Au lieu de tirer les pieds vers les fesses ce qui empêche de soulever les jambes, il faut élever les pieds et les éloigner du corps en raidissant les coudes.

- Laissez les épaules détendues et tirées vers l'arrière.

- Sauf pour les jambes, tout le corps devrait rester détendu. Ne faites pas d'effort inutile. Les bras ne sont que le lien entre les chevilles et les épaules.

- Sentez le poids du corps se fixer au centre de l'abdomen.

- Pour lever les jambes plus haut, essayez de leur imposer un écart équivalent à la largeur des hanches.

- Avec la pratique vous pourrez coller d'abord les pieds, puis les genoux et enfin les jambes.

- Quand vous réussissez à attraper vos pieds facilement, essayez de faire descendre vos mains vers vos chevilles, puis vers vos jambes, ce qui devrait vous permettre de donner plus d'élévation à vos genoux et de les amener à la hauteur des épaules, ce qui contribuera à déplacer le poids du corps depuis la région pelvienne jusqu'à l'abdomen.

- Respirez doucement. Avec le temps le corps balancera légèrement de l'arrière – à l'inspiration – à l'avant – à l'expiration. Ce balancement augmente l'effet de massage de la région abdominale.

- Concentrez-vous soit sur la longueur de la colonne vertébrale, soit sur l'abdomen. Gardez la pose de 15 à 20 secondes.

- En défaisant la posture, libérez les jambes et placez les bras le long du corps, la tête reposant sur un côté.

- Détendez le dos.

variations

Au début, vous trouverez peut-être suffisant de tenir la position préparatoire sans soulever les jambes.

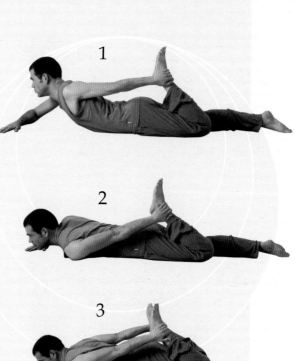

- Si vous n'arrivez pas à atteindre vos pieds, essayez d'attraper le bord de vos pantalons ou vos bas.

- Vous pouvez aussi vous appuyer sur un avant-bras et étirer l'autre bras vers l'arrière, en arquant un côté du corps à la fois et en gardant les genoux séparés (tel que montré ici en 1, 2 et 3).

- Si vous arrivez à saisir vos pieds mais que vos jambes ne parviennent pas à quitter le sol, essayez de déplacer les mains le long des jambes. Cela vous aidera peut-être à les soulever.

Certains recommandent l'utilisation d'une ceinture autour des chevilles ou des pieds pour aider à soulever les jambes. Vous pouvez l'essayer si vous en avez envie, mais prenez garde d'utiliser la force des bras pour soulever. L'utilisation de la ceinture tire aussi les pieds vers les fesses au lieu de leur donner de l'élévation; l'étirement ainsi créé est différent et peut imposer une tension excessive aux genoux. Si l'Arc vous épuise, pratiquez plutôt le Bateau.

détente
après les flexions arrière

- Après les postures de flexion arrière, roulez sur le dos et reposez-vous en posture de Relaxation pendant une minute. Observez les effets des flexions arrière et laissez votre corps se détendre. En imagination, passez votre corps en revue et arrêtez-vous à toute tension, tout inconfort. Respirez dans ces régions. À l'expiration, dites à cette partie du corps de lâcher prise.

position assise sécuritaire

- Pour passer en position assise, commencez par ramener les jambes ensemble. Puis, paumes au sol, glissez les mains derrière le creux des reins. Soulevez la tête et la poitrine. Poussez sur les paumes pour vous asseoir (image de droite).

- Ou, si les muscles de votre dos et de votre abdomen sont forts, élevez les bras au-dessus de la tête et croisez les pouces. À l'inspiration, étirez-vous en gardant les bras le plus près des oreilles possible et les jambes au sol. Gardez votre respiration et assoyez-vous.

  Si vous avez mal au dos, il est plus sage de rouler sur le côté et de vous lever en vous aidant de vos mains.

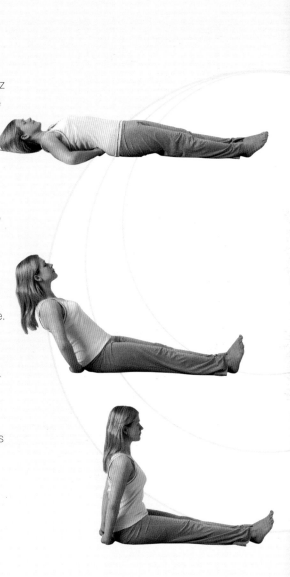

postures de flexion avant

janusirshasana (posture Tête-genou)

La posture Tête-genou étire tout l'arrière du corps, depuis la tête jusqu'aux pieds. Elle soulage la tension dans le bas du dos, occasionnée par la station assise prolongée. La tension est éliminée et la circulation dans les nerfs parasympathiques – qui s'étendent depuis le bas du dos – améliorée, ce qui favorise la réaction de détente. Les muscles ischio-jambiers sont étirés. Janusirshasana favorise la digestion et contribue au soulagement de la constipation; la posture améliore la circulation vers les organes abdominaux et étire la colonne ainsi que les muscles intercostaux de la cage thoracique.

1

Les deux jambes allongées devant vous, assoyez-vous sur les os fessiers.

2

En gardant l'autre jambe droite, pliez le genou gauche et ramenez-le vers la poitrine. Épaules détendues, enserrez la jambe en étirant la colonne vertébrale.

3

Lâchez la jambe gauche et laissez tomber le genou vers le sol, sans bouger les hanches. Placez la plante du pied gauche contre la face intérieure de la cuisse. Le genou et les orteils de la jambe droite restent pointés vers le haut. Poussez l'arrière du genou vers le sol.

4

Élevez les bras de chaque côté, puis au-dessus de la tête pour aller croiser les pouces. Si les épaules sont tendues, gardez plutôt les bras écartés de la largeur des épaules. À l'inspiration, étirez-vous vers le haut en levant le regard, ce qui soulèvera la cage thoracique.

5

À l'expiration, maintenez l'extension de la colonne vertébrale en vous penchant vers l'avant, depuis les hanches, au-dessus de la jambe droite. Prenez conscience de la rotation du bassin dans l'articulation de la hanche.

6

Tenez la jambe, la cheville ou le pied (ce que vous pouvez atteindre sans effort).

Si vous ne pouvez pas atteindre le pied, gardez les coudes droits pour inciter le torse à avancer. Une fois que vous tenez votre pied, détendez les coudes. Vous cherchez à amener le sternum au-dessus de la jambe droite. Détendez les épaules et le cou.

- Si vous éprouvez une tension derrière la jambe, pliez un peu le genou et étirez graduellement la jambe tout en respirant.
- Si vous avez mal au bas du dos, redressez-vous un peu. En respirant, penchez-vous lentement.
- Laissez votre souffle se détendre. À l'inspiration, soulevez légèrement le torse. À l'expiration, sentez votre colonne vertébrale s'étirer vers l'avant et vers le bas au fur et à mesure que vous rapprochez l'abdomen de la cuisse.

mettre fin à la posture

- Pour mettre fin à la posture, croisez les pouces et ramenez les bras vers le haut. Inspirez. Étirez encore un peu et, tout en gardant le dos droit, redressez-vous.

- Étirez, et puis redescendez les bras de chaque côté. Maintenez la position assise bien droite – ne voûtez pas le dos.

- Ramenez le genou gauche vers la poitrine, et puis redressez la jambe.

- Répétez du côté droit. De chaque côté, gardez la pose de 30 à 45 secondes, ou de 10 à 20 respirations.

variations

Si vous êtes très raide, il faudra peut-être vous asseoir au bord d'un coussin ou d'une couverture roulée pour faire une rotation du bassin vers l'avant. Si le bas de votre dos s'arrondit quand vous vous assoyez les jambes allongées devant vous, utilisez un coussin ou une couverture.

Pour rapprocher la poitrine de la jambe étendue, vous pouvez aussi plier légère-ment le genou.

- Quand vous avez fini Janusirshasana, levez les bras au-dessus de la tête; croisez les pouces; étirez-vous en levant les yeux. Abaissez le menton vers la poitrine et ramenez lentement le dos au sol. Gardez le plus possible les bras près des oreilles et les jambes au sol. Si vous préférez, servez-vous de vos mains pour descendre en douceur.

- Reposez-vous 20 secondes, les bras au-dessus de la tête pour détendre les épaules. Rassoyez-vous pour exécuter la Pince. Roulez sur le côté et glissez les mains sous le creux des reins, ou bien gardez les bras au-dessus de la tête, et assoyez-vous.

paschimottanasana (posture de la Pince)

1

Assoyez-vous sur vos os fessiers, jambes allongées. Si le bas de votre dos s'arrondit, assoyez-vous au bord d'un coussin ou sur une couverture repliée.

2

À l'inspiration, étendez les bras sur les côtés et levez-les au-dessus de la tête. En croisant les pouces, étirez-vous vers le haut et levez le regard. En étirant la colonne vertébrale, soulevez la cage thoracique et l'abdomen.

3

À l'expiration, dos droit, tout en maintenant l'extension, penchez-vous vers l'avant depuis les hanches.

4

Saisissez vos jambes, vos chevilles ou vos pieds, selon vos capacités, et sans forcer.

travailler la posture

- S'il vous est impossible d'atteindre vos pieds, gardez les coudes droits. Une fois que vous les aurez attrapés, détendez les coudes vers le plancher. Si vous y parvenez, passez l'index autour du gros orteil et joignez-le au pouce en un geste de la Connaissance, Chin Mudra (voir page 136); détendez vos coudes. Gardez les épaules détendues et portez votre regard vers vos jambes mais les yeux fermés pour amener la conscience en vous.

- Pensez à amener le torse vers l'avant tout en gardant les genoux et le dos droit. N'essayez pas de poser la tête sur les genoux : vous arrondiriez le dos.

- Visualisez toute votre colonne vertébrale. Inspirez depuis le haut de la colonne jusqu'au bas et expirez depuis le bas jusqu'au sommet de la tête. Imaginez qu'une lumière blanche monte et descend tout le long de votre colonne vertébrale.

- Pensez à créer un espace entre chaque vertèbre.

- Après vous être détendu dans la posture le temps de quelques respirations, inspirez profondément pour soulever le torse. Courbez un peu le dos et levez les yeux. À l'expiration, pliez les coudes vers l'extérieur et approchez le torse des jambes.

- Continuez de vous détendre dans la posture, tout en travaillant avec votre respiration et en ayant conscience de toute votre colonne vertébrale. Ne tirez pas sur vos jambes et ne vous étirez pas plus vers l'avant. Si vous forcez, vos muscles se raidiront et vous ne pourrez pas vous étirer autant. Si vous laissez les muscles se détendre, ils s'étireront tout naturellement. Gardez la pose pendant une minute.

mettre fin à la posture

Pour mettre fin à la posture, croisez les pouces, ramenez les bras près des oreilles. Étirez-vous un peu vers l'avant. À l'inspiration, relevez-vous tout en gardant le dos droit.

Étirez-vous, levez les yeux. Baissez le menton vers la poitrine et roulez vers le sol, en gardant les jambes au sol et les bras au-dessus de la tête, près des oreilles. Si vous le préférez, servez-vous de vos mains pour redescendre.

Ramenez les bras le long du corps, paumes vers le haut; écartez les jambes; respirez à fond et laissez aller.

La Pince étire considérablement l'arrière du corps, depuis les orteils jusqu'à la tête. L'estomac, le foie, la rate, les reins, le pancréas, la vessie, le côlon et les instestins sont comprimés et massés, ce qui tonifie les organes et en chasse les toxines. La digestion et l'élimination s'en trouvent améliorées. La posture détend, apaise, nourrit. Elle favorise la réduction de l'hypertension artérielle, le soulagement de l'anxiété – puisque le plexus solaire est massé. Elle contribue à la circulation du prana dans le sushumna (voir chapitre 6), stimule le système nerveux et libère le réseau de nerfs partant de la colonne vertébrale de toute tension au fur et à mesure que les vertèbres lombaires se séparent doucement les unes des autres.

variations

Assoyez-vous au bord d'un coussin ou d'une couverture roulée pour aider à la rotation du bassin vers l'avant.

Travaillez l'étirement du dos en pliant les genoux. Vous pouvez travailler votre dos en étirant le torse vers l'avant, au-dessus des cuisses l'espace de quelques respirations. Puis, en soulevant la poitrine, raidissez les genoux. L'espace de quelques respirations, travaillez l'extension des ischio-jambiers.

paschima nauasana
(posture du Bateau avant)

La posture du Bateau avant renforce les jambes, les abdominaux et les muscles dorsaux; elle favorise l'équilibre et l'énergie.

1

Assoyez-vous sur le sol, genoux repliés. Placez les mains à l'arrière des cuisses, tout près des genoux. Fixez le mur devant vous.

2

En gardant le dos droit, penchez-vous vers l'arrière en soulevant les pieds; trouvez votre point d'équilibre.

3

Une fois stabilisé, raidissez les genoux et lâchez les jambes. Gardez les coudes droits et les mains de chaque côté des genoux. Avec la pratique essayez de redresser la colonne vertébrale jusque dans le cou. Soulevez la poitrine, ce qui redressera le bas du dos.

variation

Quand vous n'aurez plus de mal à garder
votre équilibre et que vous vous sentirez
bien, quand la pratique du Hatha-yoga aura
renforcé les muscles de l'abdomen et du dos,
vous pourrez commencer cette posture
allongé sur le sol.

1

Allongez-vous, bras le long du corps,
paumes à plat sur le sol.

2

À l'inspiration, soulevez les deux moitiés du
corps, et trouvez l'équilibre sur les fesses.
Imaginez que votre souffle vous soulève. Placez les mains de chaque côté des genoux.

- Assurez-vous d'imprimer aux jambes
  l'angle inversé du torse. Il est fréquent de
  lever les jambes plus haut que le torse.
  Dans ce cas, baissez les jambes et
  trouvez une position plus équilibrée.

- Mettez fin à la posture de manière
  contrôlée. Les jambes et le torse devraient
  toucher le sol au même moment. Difficile!
  Répétez plusieurs fois en gardant chaque
  fois la pose environ cinq secondes; ou
  bien gardez la pose une seule fois,
  l'espace de 15 à 30 secondes.

1

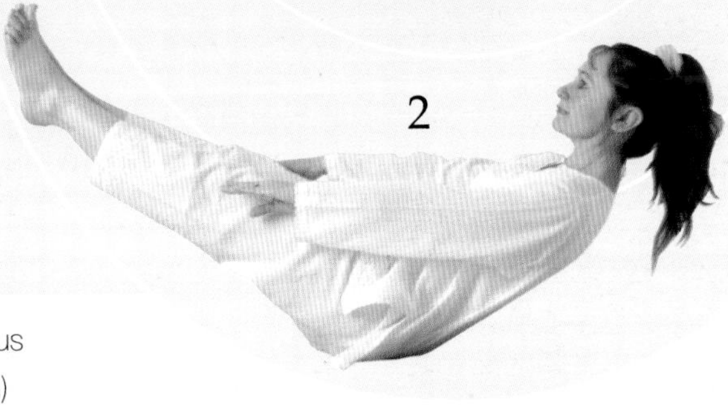

2

- Après les flexions avant, reposez-vous
  en Savasana (posture de Relaxation)
  pendant une minute avant de poursui-
  vre les exercices de la section suivante.

postures inversées

setu bandhasana (posture du Pont)

À vrai dire, le Pont est plus une flexion arrière et peut faire une bonne contre-posture au Bateau. Tout d'abord, il peut servir à relâcher le bas du dos et le bassin. Avec la pratique, il étire tout le dos et peut servir d'alternative à Dhanurasana (la posture de l'Arc). J'ai décidé d'inclure le Pont dans cette section parce que la posture inverse partiellement le corps et prépare bien la posture sur les Épaules pour les étudiants qui ont des raideurs au cou et aux épaules. Mon père, âgé de 70 ans, trouve que s'il exécute le Pont pour commencer, il peut ensuite passer à la posture sur les Épaules sans problème.

Setu Bandhasana dilate la poitrine et relâche les épaules, ce qui les ramène vers l'arrière et détend le haut du dos. La posture tonifie particulièrement les jambes et les fesses, surtout si vous la gardez en position levée et que vous serrez les fesses. Avec la pratique, quand vous vous soulèverez davantage sur les épaules et sur le cou, la glande thyroïde située à la base du cou s'en trouvera massée et régularisée.

Il vaut mieux éviter cette posture pendant les menstruations. Dans certains cas, l'inversion de la région abdominale peut occasionner des hémorragies - sans compter que la posture encourage le corps à contrer le flux naturel, ce qui s'oppose à l'esprit du yoga.

étape 1

1

Allongé sur le dos, la tête au sol, ramenez le menton vers la poitrine, pour étirer le cou. Pliez les genoux et placez la plante des pieds sur le sol. Les pieds devraient être parallèles, écartés de la largeur des épaules et pointés devant. Si vous souffrez de maux de dos, gardez les pieds éloignés des fesses. Si vous n'avez pas mal au dos, rapprochez les pieds des fesses pour travailler davantage la colonne vertébrale, mais assurez-vous que vos genoux se trouvent pointés au-dessus des pieds et ne s'affaissent pas sur les côtés. Les hanches, les genoux et les chevilles devraient se trouver alignés. Placez les mains le long du corps, paumes à plat. Étirez les bras vers le bas, ce qui dégage le cou.

2

Pressez le bas du dos contre le plancher. Remarquez à quel point le bassin pointe vers l'arrière, à quel point les hanches balancent et le coccyx se redresse. Arquez ensuite le bas du dos, ce qui incline le bassin et les hanches vers l'avant et abaisse le coccyx. On appelle parfois ce mouvement le Balancement pelvien (posture du Chat). Si vous souffrez de raideurs dans le bas du dos et les hanches, répétez ce mouvement de cinq à dix fois. Il serait également bon d'ajouter cet exercice à votre réchauffement.

étape 2

1

En vous préparant comme vous le feriez pour l'étape 1, poussez le bas du dos contre le sol et poursuivez en dégageant le dos du sol, comme si vous souleviez une vertèbre à la fois.

2

Élevez les hanches à la verticale aussi haut que possible. Au moindre inconfort, redescendez un peu. Assurez-vous que vos hanches, vos genoux et vos chevilles sont alignés.

- Pour réchauffer le corps, exécutez ce mouvement très lentement, tout en roulant le dos vers le haut puis vers le bas quatre fois. Efforcez-vous d'inspirer en relevant et d'expirer en descendant. Chaque fois, montez un peu plus haut et harmonisez mouvement et respiration.

- Après le quatrième lever, gardez la pose pendant 10 à 15 secondes et puis redescendez en déposant lentement, vertèbre par vertèbre.

étape 3

L'étape 1 travaille le bas du dos; l'étape 2 étire la région dorsale et l'omoplate, tandis que l'étape 3 arque le haut du dos et les épaules, ce qui rapproche le menton de la poitrine et masse la glande thyroïde.

1

Soulevez le dos comme à l'étape 2 et gardez la pose. Ramenez les bras sous le corps et croisez les doigts. Redressez les coudes en abaissant les épaules vers l'arrière et en gonflant la poitrine, ce qui vous aidera à arquer davantage le dos et à faire passer le poids dans les épaules. Poussez les hanches vers le haut. Si vous avez mal au dos, éloignez les pieds des épaules. Si vous n'éprouvez pas d'inconfort, rapprochez les pieds des épaules et poussez les hanches plus haut. Gardez les pieds posés à plat sur le sol; assurez-vous que les hanches, les genoux et les chevilles sont alignés.

2

Quand vos hanches ont atteint leur élévation, décroisez les doigts. Pliez les coudes, placez les mains sur le bas du dos pour le soutenir, et augmentez la courbure du dos. Si vos genoux commencent à s'écarter l'un de l'autre, c'est que vous avez trop d'élévation. Ajustez votre posture et gardez-la pendant une période de 15 à 30 secondes.

mettre fin à la posture

Pour mettre fin à la posture, ramenez les mains le long du corps, paumes à plat. Si vous avez rapproché les pieds des omoplates, éloignez-les un peu. Ramenez lentement, vertèbre par vertèbre, votre dos au sol.

variations

Vous rendrez peut-être la posture plus confortable si vous placez une couverture repliée sous les épaules. Assurez-vous alors que le cou et la tête ne se trouvent pas sur la couverture : le haut de la couverture devrait se trouver au niveau des épaules. La couverture pliée s'avère aussi particulièrement efficace dans les cas de raideur au cou.

- Pour libérer la tension dans le dos, vous pouvez faire une contre-posture. Dans ce cas-ci, exécutez la posture de Compression (voir page 118).

pavanamuktasana (posture de Compression)

1

Allongez-vous sur le sol, jambes collées, bras le long du corps, paumes à plat.

2

Ramenez les deux genoux vers la poitrine et, de vos bras, entourez vos jambes.

3

À l'expiration, soulevez la tête vers les genoux et tirez les genoux vers la poitrine.

4

À l'inspiration, reposez la tête au sol et relâchez la traction exercée sur les jambes, tout en laissant vos bras les enserrer.

variations

Certains aiment inspirer, garder le souffle et soulever. Expirez plutôt en relâchant. Cette posture est particulièrement efficace pour libérer les gaz, mais comme elle peut occasionner beaucoup de pression dans le corps et la tête il vaut mieux expirer en soulevant et inspirer en relâchant. Répétez quatre fois.

● Quand vous avez exécuté le Pont et la Compression, détendez-vous en Savasana; respirez profondément.

sarvangasana (posture sur les Épaules)

Pour apporter santé et vitalité au corps, calme à l'esprit, la posture sur les Épaules est l'une des plus efficaces. «Sarvang» signifie «toutes parties»; cette posture charge de bienfaits toutes les parties du corps.

En contribuant à prévenir le raidissement, la posture sur les Épaules préserve l'élasticité et la force de la colonne vertébrale. Elle soulage la raideur et la tension dans le cou et les épaules et renforce les muscles du bas du dos. La fin de la posture renforce les muscles abdominaux.

Située dans la tête, la glande pituitaire régit la glande thyroïde. La compression de la glande thyroïde contribue à la libération de la thyroxine, qui régit le fonctionnement des systèmes reproducteur, circulatoire, digestif et respiratoire. Le métabolisme (la rapidité avec laquelle nous brûlons l'oxygène et les aliments pour en tirer l'énergie) a également besoin d'une glande thyroïde en santé.

Sarvangasana repose et draine les jambes, contribue à la prévention des varices et des hémorroïdes. La posture favorise le drainage lymphatique et le maintien du bon emplacement des organes abdominaux et améliore les mouvements péristaltiques. La posture sur les Épaules nourrit de sang oxygéné la moelle épinière et les nerfs qui y prennent racine.

N'exécutez pas la posture sur les Épaules si vous souffrez d'hypertension artérielle, de glaucome, de blessures au dos et au cou, si vous avez subi récemment une chirurgie ou si vous êtes menstruée. Comme la pression accrue dans la tête pourrait aggraver la situation, ne la faites pas non plus si vous avez mal à la tête ou des problèmes de dents, de bouche, de nez, d'oreilles, etc.

variations

a

Au lieu de la posture sur les Épaules vous pouvez exécuter le Pont (voir page 114) sauf pendant les menstruations.

b

● Allongez-vous sur le dos et placez les
mains sous les hanches, paumes au sol.
Faites basculer le bassin vers le haut,
aplatissez le dos et levez les jambes, les
pieds vers le plafond.

c

● Au lieu d'utiliser vos mains, placez un
coussin ou deux sous les hanches. Si
vous êtes menstruée, utilisez un seul
coussin.

d

● Placez les pieds sur une chaise.

e

● Commencez par vous asseoir et appuyez-vous sur les avant-bras. Levez les jambes tout en laissant les pieds reposer contre un mur.

● Utilisez vos bras et vos jambes pour pivoter jusqu'à ce que vos jambes et vos fesses se trouvent face au mur.

● Allongez-vous, les bras éloignés du corps, les paumes vers le haut et les jambes à une distance confortable l'une de l'autre. Gardez les positions alternatives B, C et D pendant trois minutes.

posture sur les Épaules

1

Allongez-vous sur le dos; tête toujours au sol, approchez le menton de la poitrine. Placez les bras le long du corps, paumes à plat et coudes droits. Vous pouvez rentrer légèrement les mains sous les fesses. Abaissez les épaules – en dégageant le cou.

2

En poussant sur les paumes, levez les jambes assez haut et par-dessus la tête pour que les fesses quittent le sol.

Rapidement, posez les mains dans le dos pour le soutenir et vous empêcher de redescendre vers le sol.

En gardant les jambes parallèles au sol, rapprochez les coudes le plus possible tout en éloignant davantage les épaules des oreilles.

3

Quand vous vous sentez solide, levez les jambes en posture sur les Épaules.

Au début, vous pourrez sentir un poids important dans les bras, et vos jambes ne monteront peut-être pas droit.

Essayez de ne pas agripper vos côtés; tentez plutôt de poser les mains de chaque côté de la colonne vertébrale, pointées vers les fesses. Plus vous pourrez approcher les mains des épaules, mieux vous pourrez redresser le milieu du corps. Assurez-vous que vos coudes ne sont pas trop ouverts : plus l'ouverture est grande, plus il est difficile de redresser le corps.

Au fur et à mesure que vous vous accoutumerez à la posture et que vos épaules se détendront, le poids se fera davantage sentir dans les épaules, et moins sur les coudes. Vous pourrez rapprocher les mains des épaules et éloigner les jambes de la tête, pour vous redresser de plus en plus.

Une fois en position, gardez les jambes détendues pour ne pas restreindre la circulation sanguine, mais laissez les genoux droits pour redresser l'abdomen et le bas du dos. Si vous éprouvez de la faiblesse ou de l'inconfort dans la région lombaire, pliez légèrement les genoux. Détendez les pieds.

Prenez conscience de votre corps, depuis les pieds en passant par les jambes et l'abdomen; concentrez-vous sur la base de la gorge. Gardez la pose pendant trois minutes si vous ne sentez pas d'inconfort.

mettre fin à la posture

- Descendez les jambes au-dessus de la tête, parallèlement au sol.

- Descendez les bras, paumes à plat.

- En vous servant de vos bras et de vos mains comme de freins, arrondissez le dos et descendez, vertèbre par vertèbre.

- Quand le dos est à plat, poussez du creux des reins contre le sol. Redressez les genoux et descendez les jambes le plus lentement possible ou bien pliez les genoux et mettez fin à la posture plus doucement encore (voir les modifications, page 126).

variations : prendre la posture et la garder

a

1

Les jambes levées contre un mur, pliez les genoux et posez la plante des pieds sur le mur.

2

Poussez sur vos pieds et soulevez lentement le dos.

3

Pliez les coudes et placez les mains dans le dos. Quand vous vous sentez solide, éloignez les pieds du mur.

b

Si vous avez des raideurs ou des problèmes de cou, si vous souhaitez rendre la posture plus confortable, placez une ou deux couvertures repliées sous les épaules, mais gardez le cou et la tête directement au sol.

C

● Si vous avez mal dans la région lombaire en gardant la pose, essayez de plier les genoux et de les rapprocher de votre front.

● Tout en gardant le pied gauche pointé vers le haut, descendez lendement la jambe droite vers le sol. Relevez-la tout en gardant la jambe gauche en position. Répétez avec l'autre jambe.

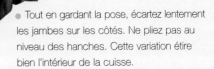

● Tout en gardant la pose, écartez lentement les jambes sur les côtés. Ne pliez pas au niveau des hanches. Cette variation étire bien l'intérieur de la cuisse.

Ces variations sont agréables, mais vous tirerez davantage de bienfaits de la posture elle-même. Il faut vous rappeler que vous cherchez à développer la stabilité.

modifications :
mettre fin à la posture

En mettant fin à la posture, penchez la tête pour que le menton pointe vers le haut. Ce mouvement contribue à la protection du cou.

Si vous avez mal au bas du dos, mettez fin à la posture sur les Épaules; ramenez le dos au sol et arrêtez. Du creux du dos, poussez vers le sol, pliez les genoux et ramenez les pieds près des fesses, puis redressez les jambes.

Avec plus de flexibilité, vous pourrez amener les orteils au sol, redresser les genoux et garder la pose. Rapprochez ensuite les bras; joignez les doigts et redressez doucement les genoux en éloignant les épaules des oreilles. C'est Halasana (la posture de la Charrue). Gardez la pose une minute et puis décroisez les doigts, écartez les bras, arrondissez le dos et redescendez comme auparavant. Certains aiment exécuter la Charrue avant la posture sur les Épaules; cela contribuerait à faire passer davantage le poids sur les épaules, ce qui permet de mieux redresser le corps dans la posture sur les Épaules.

matsyasana
(posture du Poisson)

Parce qu'elle étire le cou et la gorge en direction opposée, la posture du Poisson constitue une excellente contre-posture à la précédente. Elle masse le cou et les épaules et en libère la tension. La posture sur les Épaules comprimait la thyroïde et favorisait ainsi la libération de la thyroxine. La posture du Poisson, pour sa part, l'étire tandis que le sang apporte la thyroxine à l'organisme. Les glandes pituitaire et pinéale situées dans la tête se trouvent vivifiées et nourries, tout comme les nerfs du haut de la moelle épinière. La poitrine se gonfle et la posture s'améliore. Le Poisson contribue à prévenir et soulager la cyphose – arrondissement des épaules. En respirant profondément, l'oxygène pénètre le sommet des poumons et contribue à se débarrasser de l'air résiduel, à renforcer et tonifier les poumons. La posture aide à contrer l'asthme. L'exécution et la sortie de la posture renforcent et tonifient le cou et la gorge.

1

Allongez-vous sur le dos, les coudes droits.
Glissez les doigts sous les cuisses et les
pouces sur les côtés.

2

Poussez sur les coudes et soulevez la
tête et la poitrine – regardez vos pieds.
Ne bougez pas les coudes.

   Continuez à pousser sur les coudes
en faisant basculer le bassin et en
roulant les os des hanches vers
l'avant. Cette poussée arquera le bas
du dos.

   Poussez l'abdomen et la poitrine vers le
haut, ce qui arquera davantage le dos.
Ne bougez pas les coudes.

3

Rejetez la tête vers l'arrière et posez le sommet de la tête sur le sol. Le poids est réparti
équitablement entre les fesses, les coudes
et la tête. Assurez-vous de ne pas voûter
les épaules. Gardez les jambes droites. Ne
les laissez pas s'affaisser vers l'extérieur.

• Respirez profondément. Gardez la pose
   de 30 à 40 secondes ou l'espace de 10
   à 20 respirations. Avec le temps, gardez
   la pose pendant une minute.

mettre fin à la posture

- Ramenez le poids sur les coudes. Soulevez la tête et portez votre regard vers vos pieds.

- Depuis le bas jusqu'en haut, ramenez le dos au sol.

variations

Si vous avez des problèmes de cou; si vous avez du mal à envoyer la tête par derrière ou à poser le dessus de la tête sur le sol, vous pouvez exécuter la posture du Poisson sur une couverture roulée ou des coussins empilés.

1

En position assise, placez les coussins derrière vous.

2

En tenant les côtés des oreillers ou des coussins, descendez lentement vers l'arrière. Vous pouvez vous appuyer sur un avant-bras, puis descendre lentement sur l'autre.

3

Détendez la tête par derrière.

4

Le cou devrait se trouver à l'extérieur des coussins, les jambes à plat.

- Si vous êtes asthmatique, pratiquez la posture du Poisson trois fois par jour jusqu'à ce que vous puissiez la tenir cinq minutes chaque fois. Soutenez la cambrure du dos avec des coussins. Respirez à fond.

- Faites une contre-posture en Pavanamuktasana (posture de Compression).

- Pliez les genoux. Enserrez les genoux et approchez la tête des genoux et les genoux de la poitrine. Expirez en soulevant et inspirez en descendant. Répétez quatre fois.

OU
ardha pavanamuktasana (posture de Demi-compression)

1

En gardant la jambe gauche allongée, ramenez le genou droit sur la poitrine.

2

Enserrez la jambe et soulevez la tête vers le genou. Tirez le genou vers la poitrine et gardez la posture. Gardez les épaules détendues. Respirez en maintenant la posture pendant 30 secondes. Relâchez et répétez de l'autre côté.

Détendez-vous en Savasana (posture de Relaxation) pendant une minute avant de passer aux torsions.

postures de torsion

ardha matsyendrasana (posture de la Demi-torsion)

La posture de la Demi-torsion renforce la colonne vertébrale dans son entier et tonifie tous les muscles du dos. La torsion des tendons du cou libère la tension. Elle étire les muscles des fesses. La posture nourrit et irrigue de sang fraîchement oxygéné les nerfs du système parasympathique et ceux qui prennent naissance dans la colonne vertébrale. Elle renforce les articulations du corps et prévient les dépôts de calcium dans les hanches et les épaules. La posture bénéficie à ceux qui ont des raideurs et des douleurs aux hanches. Elle masse et vivifie tous les organes vitaux; elle écrase les toxines et les évacue des intestins. La posture de la Demi-torsion tonifie la taille et contribue au soulagement de la constipation.

1

En position assise sur le sol, laissez la jambe gauche allongée. Pliez le genou droit et amenez-le vers la poitrine.

2

Croisez le pied droit au-dessus du genou gauche. Posez la plante du pied au sol, aussi près de l'extérieur du genou gauche que possible. En enserrant la jambe droite, allongez la colonne vertébrale et laissez tomber les épaules vers l'arrière. Rapprochez la poitrine de la cuisse.

3

Croisez les pouces et étirez les bras devant vous.

4

Tournez-vous vers la droite. Puis, placez la main droite au sol derrière vous, les doigts pointés vers l'extérieur. Tout en laissant l'épaule détendue, le bras devrait se trouver près du corps, pour contribuer à garder la colonne vertébrale droite. La position de la main droite variera d'une personne à l'autre selon la longueur des bras et la flexibilité de la colonne vertébrale. Trouvez la position qui vous est la plus confortable.

5

Placez le bras gauche entre la poitrine et le genou levé. En poussant le genou gauche de côté, essayez d'attraper la jambe allongée. Gardez le genou et les orteils de cette jambe pointés vers le haut. Étirez-vous en hauteur encore une fois et pivotez lentement vers la droite en portant votre regard au-dessus de l'épaule droite. Prenez conscience de la torsion de la colonne vertébrale.

Gardez la pose et laissez le corps s'installer dans la torsion. À l'inspiration, étirez la colonne vertébrale. À l'expiration, essayez de vous détendre davantage dans la torsion. Les épaules doivent être détendues.

mettre fin à la posture

- Regardez devant.

- Relâchez le bras arrière et ramenez la poitrine vers l'avant.

- Relâchez le bras avant.

- Tournez-vous légèrement vers la gauche.

- Descendez le genou relevé.

- Recommencez de l'autre côté et gardez la posture pendant 30 secondes.

variations

- Pour vous asseoir droit, prenez un coussin ou une couverture enroulée.

- Pour commencer, il vous faudra peut-être placer le pied droit plus près de la cheville que du genou gauche.

- Éloignez du corps le bras placé à l'arrière; ou bien éloignez-le du centre du corps.

- Si vous ne pouvez pas saisir la jambe étendue, saisissez les jambes de pantalon.

OU

- L'avant-bras et la main pointés vers le haut ou reposant le long de la cuisse, poussez le coude contre le genou relevé. Gardez les épaules détendues.

- En exécutant votre torsion, poussez du bras placé devant contre le genou relevé.

jathara parivartanasana (posture du Pivot sur le dos)

La posture Jathara Parivartanasana peut aussi servir de réchauffement. Elle soulage la tension dans la colonne vertébrale et les muscles du dos, et contribue ainsi au soulagement des douleurs dorsales. Elle ouvre les hanches et favorise la détente des épaules. Le Pivot sur le dos masse admirablement les organes abdominaux, améliore la digestion et l'assimilation; elle apaise également la constipation.

1

Allongez-vous sur le dos, jambes collées.
Étendez les bras de chaque côté, à la
hauteur des épaules, paumes posées à
plat sur le sol.

2

Pliez les genoux et ramenez-les vers la
poitrine. Soulevez légèrement la tête et
tournez-la à gauche. Descendez la tête
pour détendre le cou.

3

À l'expiration, les genoux pliés, descendez
les jambes au sol. Ne laissez pas les pieds
dans les airs; laissez-les plutôt reposer au
sol. Pour ce faire, il vous faudra peut-être
éloigner quelque peu les genoux de la poitrine. Détendez les jambes, le dos et les
épaules. Si vous vous sentez bien, gardez
l'épaule gauche au sol – autrement soulevez-
la un peu. Assurez-vous que votre corps
n'a pas de tensions inutiles, surtout dans
les épaules. Dites au corps de lâcher prise.

mettre fin à la posture

- Ramenez la tête et les genoux au centre.

- Répétez de l'autre côté. Gardez la pose
  de 30 à 40 secondes de chaque côté.

- Allongez les jambes.

- Prenez une grande respiration. Si vous en
  sentez le besoin, pliez les genoux et
  enserrez-les.

variations

- Si vous avez le dos sensible, pliez les
  genoux. Au lieu de les rapprocher de la
  poitrine, posez les plantes des pieds sur
  le sol. Descendez les genoux et servez-
  vous de la main droite pour tirer
  doucement les cuisses.

- Si cette torsion ne vous incommode pas,
  faites-la deux fois de chaque côté, en alter-
  nant. La deuxième fois, allongez les jambes
  et dirigez les pieds vers votre main. C'est
  le pied qui va à la main et pas l'inverse. Si
  vous pouvez atteindre le pied, saisissez
  vos gros orteils. Repliez les genoux avant
  de les ramener au centre.

yoga mudra (geste symbolique)

Terminez toujours votre séance de Hatha-yoga par le Yoga Mudra (un mudra est un geste) qui scelle l'énergie au lieu de la laisser se dissiper. Le mudra concentre l'énergie sur le point au-dessus duquel on l'applique. Il contribue à libérer les toxines et à soulager les troubles de la région abdominale. Il ouvre les hanches, étire la colonne vertébrale, soulage les tensions au bas du dos et dans le cou et contribue à l'équilibre du système nerveux. Il amène la conscience en soi, calme l'esprit et favorise l'expérience de la paix intérieure. Il prépare merveilleusement au yoga Nidra (relaxation profonde).

1

Assoyez-vous confortablement, jambes croisées, que ce soit en Sukhasana (posture Facile) ou Ardha Padmasana (posture du Demi-lotus) (voir pages 65 et 66). Si vous le préférez, assoyez-vous sur un coussin. Mettez les deux mains derrière le dos et, de la main gauche, saisissez le poignet droit. Essayez de joindre le pouce gauche et l'un des doigts. À l'inspiration, étirez la colonne vertébrale tout en soulevant et en gonflant la poitrine. Levez légèrement le menton.

2

À l'expiration, penchez vers l'avant depuis les hanches, en commençant par la poitrine. Courbez la tête et laissez les bras reposer dans le dos. Laissez tomber les épaules. Fermez les yeux et prenez conscience de ce qui se passe en vous pendant une minute.

À ce stade, vous pouvez utiliser deux autres mudras.

chin mudra
(geste de la Connaissance)

Quand vous êtes assis les jambes croisées, le geste de la Connaissance est ravissant. Chaque main au repos sur le genou qui lui correspond, paumes vers le haut, collez le pouce et l'index et gardez les trois autres doigts collés, pointés vers le bas. Ce mudra nous amène à la connaissance.

Dans le geste de la Connaissance, chacun des doigts représente un aspect de la vie et de l'individu.

Pouce	Le Soi universel le plus élevé; le Soi véritable
Index	Le soi inférieur, individuel
Majeur	L'ego
Annulaire	L'illusion de l'esprit
Auriculaire	Actions et réactions humaines

Le geste de la Connaissance symbolise l'effort accompli par le soi inférieur (index) sur la voie de la spiritualité; le soi renonce au monde et s'élève vers le Soi supérieur. En raison de ces efforts, le Soi supérieur (pouce) s'incline pour aller à sa rencontre.

vishnu mudra (geste de Vishnu)

Ce geste sert lors de la technique de respiration Suddhi Nadi (voir page 189). Il aide à conserver l'énergie à l'intérieur au lieu de la voir se perdre par les doigts. Formez un poing sans serrer. Et puis libérez le pouce et les deux derniers doigts.

Après votre séance de Hatha-yoga, tous les muscles, ligaments, tous les tendons ont été étirés et vivifiés; tous les organes, toutes les glandes ont été revitalisées et nourries; tensions et toxines ont quitté votre corps et l'esprit a commencé à s'apaiser.

Pour accroître et prolonger ces bienfaits, il serait bon d'ajouter yoga Nidra (relaxation profonde), pranayama (techniques de respiration) et dhyana (méditation). (Voir pages 138, 160 et 194.)

chin mudra

vishnu mudra

yoga Nidra
(relaxation profonde)

yoga Nidra (relaxation profonde)

Le yoga Nidra est une partie essentielle du Hatha-yoga. C'est l'une des meilleures techniques de réduction de stress, sinon la meilleure, et elle permet l'assimilation des bienfaits du Hatha-yoga.

En yoga Nidra vous détendez et revitalisez complètement votre corps, vous lui permettez de guérir et de s'énergiser. La relaxation profonde contribue à la gestion du stress, au soulagement de la douleur et à la paix d'esprit. Pour le corps, Savasana (la posture de Relaxation) est la posture la plus détendue qui soit. Dans cette position, et durant le yoga Nidra, le cœur, le système nerveux et le système cardio-vasculaire se reposent; la pression sanguine diminue plus que dans toute autre position. Un corps calme et détendu mène à un esprit calme et détendu. Les pensées, au lieu de traverser le cerveau à toute allure, passent lentement, vous donnant l'occasion de les observer et de faire des choix et des décisions calmes et rationels au lieu de réagir de manière émotive, irrégulière et parfois irrationnelle.

Chacun de nous se détend à sa manière

et ce qui vous détend pourrait fort bien ne pas relaxer quelqu'un d'autre. Plus la détente est profonde et complète, plus les effets sont bénéfiques et durables.

Au quotidien, arrivons-nous seulement à nous détendre vraiment? Nous nous offrons parfois le luxe d'un bain moussant chaud, excellent pour soulager la tension physique, mais inutile quand vous ne pouvez chasser la journée de votre esprit. Nous pouvons aller au cinéma ou regarder la télévision. Mais les films d'horreur ou les intrigues policières ne sont pas tellement apaisants! Le corps réagit aux frayeurs et aux frissons à peu près comme il le ferait dans la réalité. Nous pouvons lire les journaux, mais cette lecture, vous en conviendrez, n'a rien de relaxant. Nous pouvons encore nous rendre au gymnase ou aller courir, mais ces activités ne détendent pas véritablement le corps et l'esprit; au contraire, elles stressent les différents systèmes du corps. Même quand nous sommes assis à écouter de la musique, le corps reste prêt à se jeter dans l'action. La relaxation profonde ferme littéralement le commutateur. Elle permet de tout laisser derrière soi. On dit que 20 minutes de relaxation profonde équivalent à trois heures de sommeil profond.

Rappelez-vous que le yoga vise le contrôle de l'esprit pour connaître le soi véritable, la paix. Pour ce faire, il faut garder le corps immobile, libre de toute tension et de tout malaise. Les postures contribuent à la santé, au calme et à l'équilibre du corps, ce qui nous prépare à nous concentrer davantage sur l'intérieur. Le yoga Nidra nous aide à quitter le monde matériel et toutes ses distractions qui nous empêchent de réaliser notre vraie nature.

Au quotidien, nous sommes familiers avec notre corps physique, mais la philosophie yogique allègue que nous avons cinq corps. En sanscrit, on les appelle koshas (enveloppes). Les koshas couvrent notre soi véritable divin. Avec la pratique, vous acquerrez l'impression d'être tiré vers l'intérieur durant le yoga Nidra. Vous découvrirez que vous avez bien plus qu'un corps physique. Et vous finirez par connaître la paix intérieure.

Quand on dit que les koshas sont des «corps» on fait un peu erreur, malgré que l'on utilise souvent ce terme pour les désigner. Ce sont différents niveaux d'énergie ou des énergies qui vibrent à différentes fréquences, et servent à différentes fonctions dans la vie. Pour la plupart, les différents niveaux d'énergie ne sont pas harmonisés les uns avec les autres. Le Hatha-yoga, le yoga Nidra, le pranayama et la méditation contribuent tous à les équilibrer.

Même les passe-temps auxquels nous nous livrons pour relaxer ne nous détendent pas nécessairement.

les koshas

Les yogis appellent ces enveloppes maya kosha. Maya signifie illusion. Les koshas forment le «voile de l'illusion» qui recouvre notre conscience pure. On peut le découvrir et le connaître quand nous retirons les divers voiles ou enveloppes. Le processus ressemble à l'épluchage des fines couches de l'oignon et vise à révéler notre lumière intérieure; l'étincelle divine, l'esprit divin, qui réside au creux de tous les êtres.

Les cinq koshas forment les corps physique, causal ou psychique et astral. Le corps physique est fait de l'annamaya kosha et du pranamaya kosha; le manomaya kosha et le vijnanamaya kosha composent le corps causal ou psychique; et le corps de félicité ou corps astral est fait de l'anandamaya kosha. En transcendant l'anandamaya kosha, vous atteignez le samadhi, l'état de conscience total; vous avez abandonné tout le reste.

annamaya kosha

Anna signifie nourriture, tandis que maya veut dire illusion et kosha, enveloppe. C'est le corps le plus dense, le plus grossier; on l'appelle Corps de Chair. Toute la journée, tous les jours, et surtout quand nous éprouvons des douleurs, nous avons conscience de notre corps physique. Le corps physique est fait de ce que nous absorbons. Après la mort, le corps se décompose et redevient nourriture. Quand nous nous identifions avec ce corps temporaire, nous sommes le plus loin possible de notre soi véritable.

pranamaya kosha

Appelé aussi chi ou qi, le prana est l'énergie vitale, la force de vie. Essentiel, ce corps nous donne de la vitalité. L'énergie pranique ou subtile entoure le corps physique, le pénètre et l'habite. C'est notre aura; et elle nous permet de bouger. Quand nous faisons le geste de lever le bras, c'est que notre bras suit le corps pranique. La pensée (forme subtile de prana) du geste déplace le corps pranique, lequel entraîne le corps physique. Avec l'air qu'il respire, le corps absorbe le prana qui pénètre chacune des cellules. Sans prana, pas de mouvements, pas de pensée, pas de vie. Yoga Nidra nous aide à

Yoga Nidra aide à libérer nos émotions refoulées.

augmenter notre énergie. «Je n'ai pas d'énergie aujourd'hui», nous écrions-nous parfois quand nous nous sentons fatigués. Et c'est exact : notre énergie est épuisée et nous devons faire le plein.

En faisant du Hatha-yoga nous travaillons à la fois avec l'annamaya kosha et avec le pranamaya kosha. D'ailleurs, les méridiens de l'acupuncture se forment à l'intersection de ces deux koshas. Quand un blocage du flux énergétique survient dans le corps pranique, le corps physique a mal et devient malade. Le Hatha-yoga nous permet de travailler sur les systèmes organiques subtils, en laissant notre énergie circuler et en produisant santé et vitalité.

manomaya kosha

Le manomaya kosha est l'enveloppe de nos pensées et de nos sens, le corps subtil où vivent nos sentiments, nos désirs, nos doutes et nos peurs. Le manomaya kosha est l'entrepôt de toutes nos blessures, de tous nos bouleversements émotionnels. On peut voir les cicatrices du corps physique, mais les cicatrices émotionnelles restent invisibles. L'esprit et le corps sont des manifestations l'un de l'autre. Ce que vous pensez et ressentez affecte votre corps et ce qui affecte votre corps affecte aussi votre esprit. Après une intervention chirurgicale nous passons un temps considérable à remettre le corps physique sur pied sans trop nous préoccuper du corps mental ou émotionnel. Le yoga

Nidra est la voie de la guérison totale et permanente.

vijnanamaya kosha

C'est le corps subtil de la sagesse, la résidence de l'intelligence et de l'intuition. Quand les appels du corps physique ou les désirs de l'esprit ne nous distraient pas, nous pouvons y accéder. Au quotidien, nous sommes plus portés à imiter les autres ou à suivre les conseils d'un bouquin; ainsi entendons-nous rarement la voix de l'intuition et rarement lui faisons-nous confiance. Grâce à l'immobilité de la pratique du yoga Nidra, nous entrouvrons l'accès à notre sagesse supérieure – à des pensées pures qui n'ont rien à voir avec l'ego et ses sentiments, ses désirs, ses dégoûts, ses attentes et ses déceptions. À ce niveau, il est possible d'observer le va-et-vient des pensées dans l'esprit. Plus rares, les pensées y défilent lentement. Là, nous prenons conscience que le soi véritable est autre chose que ces pensées fugaces, qui ne sont pas permanentes et ne sont donc pas réelles.

Hatha-yoga affecte l'annamaya kosha et le pranamaya kosha.

anandamaya kosha

C'est le corps de la félicité, de la joie. Dépassés, le corps, le souffle et l'esprit ne nous distraient plus. Il n'y a plus que paix, félicité et contentement. Vous êtes dans la félicité puisque vous êtes complètement détaché des situations et des événements de votre quotidien. Richesse ou pauvreté, santé ou maladie, amours et haines, plus rien n'existe. C'est l'endroit où nous allons quand nous dormons d'un sommeil profond, sans rêves – dont on dit souvent que c'est l'inconscience, un lieu où «rien» ne se passe, ce qui est faux. Si c'était vrai, comment sauriez-vous que vous avez passé une bonne nuit de sommeil ou que vous avez mal dormi? Dans le yoga Nidra on ne fait qu'entrevoir cette félicité, mais cet aperçu suffit à transformer notre façon de nous voir nous-même, de voir les autres et le monde qui nous entoure. En continuant la pratique du yoga, nous approfondissons l'expérience de la félicité.

Pour la plupart, nous avons déjà eu un aperçu de cette félicité, peut-être en voyant le soleil se coucher dans toute sa beauté, juste avant que l'esprit ne commence à juger le coucher de soleil et à le comparer avec d'autres. La félicité est la simple présence à ce qui est. Quand vous riez, par exemple, il n'y a, pendant une fraction de seconde, ni jugement ni analyse; quand vous tenez un nouveau-né dans vos bras, il existe pendant un instant une paix et une joie parfaites. Que serait la vie si nous pouvions vivre toutes nos expériences depuis ce lieu de paix? Certaines personnes y arrivent : on les appelle sages, gourous ou saints.

Au cœur des cinq voiles de l'illusion, nous atteignons ce que les yogis appellent le samadhi, le huitième et dernier degré du Raja yoga (voir chapitre 3). C'est là que loge l'atman – l'âme individuelle.

Si vous voulez connaître Dieu, transcendez votre ego. Mais qu'est-ce que l'ego, direz-vous? L'esprit. L'esprit est le terme qui désigne tout ensemble l'ego, la pensée, les sentiments et la volonté. Quand l'esprit est purifié, clair, il peut refléter votre soi véritable, votre Soi supérieur. C'est le but que poursuivent toutes les voies spirituelles, toutes les religions, catholique ou protestante, bouddhiste, juive, arabe ou hindoue. Il n'est pas nécessaire de croire en Dieu ou d'appartenir à une religion organisée, pour

Le nouveau-né n'a ni envies ni dédains, ni opinions, ni jugements, ni ego.

connaître la paix et la félicité du Soi supérieur. Il s'agit d'un autre niveau de conscience. Nos occupations quotidiennes nous maintiennent à un niveau de conscience inférieur. C'est un monde de dualité : plaisir et douleur, profit et perte. Il est possible de transcender cette expérience de la vie pour atteindre un niveau de conscience supérieur. Au lieu de vivre la diversité et la dualité, vous connaîtrez l'unité, l'amour inconditionnel, la paix et la félicité - que le yoga appelle Dieu. Chacun peut vivre cette expérience : il suffit de se débarrasser de l'égoïsme. Apprenez à solidifier et à purifier votre âme, et réalisez le but de l'existence : la paix et la félicité.

yoga Nidra

Il existe diverses techniques de relaxation profonde. J'ai appris la suivante durant ma formation en enseignement du Yoga Integral®. Elle se base sur la pratique du pratyahara (retrait des sens), cinquième degré du Raja yoga (chapitre 3) et du pratyahara (chapitre 7).

Le yoga Nidra détend le corps physique, équilibre les niveaux d'énergie; pendant la pratique, vous entrez en vous de plus en plus loin, à l'écart du corps, des sens et de leurs distractions. Vous ne dormez pas – malgré que cela se produise fréquemment chez les débutants. Pour maximiser les bienfaits de la guérison et de la détente, il faut rester conscient durant tous les stades

de la relaxation.

Si vous continuez de vous endormir, essayez de garder le poing légèrement tendu ou bien faites le contact entre le pouce et l'index. Certaines personnes plient un coude ou gardent les yeux ouverts ou entrouverts. Si vous somnolez, le bras qui retombe ou le mouvement des

yeux vous réveillera. Vous pouvez aussi faire le yoga Nidra en position assise, sur une chaise. Si vous vous endormez tout de même, profitez du repos et essayez de faire le yoga Nidra à un moment où vous ne vous endormez pas autant. Par contre, si vous le faites au lit le soir, vous pouvez vous servir du yoga Nidra pour vous enfoncer dans un profond sommeil paisible.

la méthode

Durant la première étape du yoga Nidra, vous visiterez votre corps par la pensée et tendrez les différents groupes de muscles. Quand vous tendez et relâchez ensuite, vous libérez beaucoup plus de tensions que si vous vous contentiez de vous allonger et de tenter de vous détendre. Soulevez un membre de 2 cm, laissez-le dans cette position et tendez les muscles le plus possible. Au même moment, inspirez et gardez votre souffle pour forcer le prana dans tout le corps. Et puis, laissez retomber le membre et expirez. Le membre repose doucement et se libère des tensions musculaires persistantes. L'expiration contribue aussi à la libération de la tension profondément enracinée.

Cette méthode fait travailler l'annamaya kosha. Vous libérez le corps de la tension accumulée et vous apprenez à connaître les endroits de votre corps où vous la retenez. Avec la pratique, vous pourrez détendre ces régions durant la journée en leur ordonnant simplement de «lâcher prise». Vous apprendrez à connaître la détente véritable, à détecter la tension et à l'empêcher de s'accumuler.

Si vous êtes debout toute la journée, si vous marchez beaucoup, vous sentirez

Vous accumulez les tensions, assis au bureau.

peut-être de la tension dans les jambes ou le bas du dos. Travailler assis à un bureau peut occasionner beaucoup de tensions dans le bas du dos. Vos mains souffriront peut-être de la saisie de données ou de vos poings serrés sous le stress ou l'anxiété. Cette tension remonte dans les bras jusqu'aux épaules. Tout comme le fait de porter des enfants ou de transporter des sacs lourds, le travail à l'ordinateur peut aussi causer des tensions dans les épaules et dans le cou. L'inquiétude et le stress peuvent se manifester quand vous serrez les dents (ce qui cause des tensions dans les mâchoires) ou quand vous froncez les sourcils. La fatigue, la dépression et tous les sentiments peuvent trouver à s'exprimer dans le visage. Cette première étape du yoga Nidra vous libère de cette tension, ce qui permet à l'énergie de circuler librement dans le corps. Au fur et à mesure que le corps se détend et que vous achevez les mouvements, vous éprouvez une sensation de lourdeur.

Commencez par libérer de leurs tensions les parties les moins vitales du corps. Et puis tirez l'énergie et la conscience vers le haut, vers la tête. Après avoir tendu puis détendu le corps physique et libéré le flux d'énergie, passez mentalement votre corps en revue pour libérer toute tension qui subsisterait, ce qui contribue au relâchement des tensions causées par les bouleversements émotionnels.

Au cours de la prochaine étape, en travaillant depuis le pranamaya kosha, vous observerez le souffle, puis l'esprit depuis les manomaya et vijnanamaya koshas. Vous commencerez à expérimenter la paix et la tranquillité. Avec la pratique, vous observerez le souffle, et vous vous engagerez plus avant, loin du corps et des sens. Et puis, vous prendrez conscience des pensées, sans en être troublé ni affecté. Vous connaîtrez la légèreté et vous éloignerez

Libérez les tensions pour ramener le calme en vous.

encore davantage du corps, des pensées et des sentiments. Quand le corps et l'esprit s'apaisent, le prana dont ils ont besoin pour agir, se libère. Vous pouvez alors commencer à emmagasiner cette force vitale.

En dernière étape, vous sentirez la paix vous habiter; vous n'aurez rien à faire que de vous reposer dans la paix et en jouir. Dans ce lieu de calme, vous saurez que vous n'êtez ni corps ni esprit.

Après un séjour d'environ cinq minutes dans ce lieu de paix et de contentement, vous reprendrez lentement conscience de votre souffle et du corps, ce qui revitalisera votre système de prana. Et puis vous vous remettrez doucement à bouger. Il faut agir lentement pour que tous les corps soient équilibrés et assimilent les bienfaits de la relaxation.

Après le yoga Nidra vous vous sentirez calme et apaisé, libéré des tensions physiques, des bouleversements émotionnels, des inquiétudes et de l'angoisse.

préparation à la relaxation profonde

Assurez-vous de ne pas être dérangé pendant une période de 15 à 20 minutes. Mettez le répondeur ou débranchez le téléphone.

La première fois que vous essaierez le yoga Nidra, vous aurez peut-être du mal à décrocher. Certaines personnes aiment utiliser de la musique de détente, qui peut favoriser une détente plus profonde mais aussi vous empêcher de lâcher prise complètement pour pénétrer dans des niveaux de relaxation plus subtils. Avec la pratique, vous apprendrez à faire sans aide la relaxation profonde.

Vous aimerez peut-être faire brûler de l'encens, des huiles odorantes ou allumer des bougies (en toute sécurité). Créez une atmosphère de détente.

Assurez-vous d'avoir chaud; comme la température de votre corps s'abaissera, prenez une couverture ou habillez-vous chaudement. La couverture accroîtra les effets nourrissants, réconfortants de la relaxation profonde et contribuera à vous procurer un sentiment de sécurité et de bien-être.

- Allongez-vous sur le dos. Vous pouvez vous étendre sur votre lit, mais il est plus facile de s'y endormir. Il vaudrait mieux vous coucher sur le sol, sur une couverture repliée par exemple.

- Si vous avez le cou raide, faites reposer votre tête sur un coussin ou un oreiller.

- Si vous avez mal au bas du dos, glissez un coussin sous les genoux. Déplacez le coussin jusqu'à ce que vous trouviez une position de confort. Certaines personnes se sentent mieux les genoux pliés posés l'un contre l'autre et les pieds écartés.

- Écartez les jambes suivant la largeur des épaules pour que les jambes et les hanches puissent se détendre. Laissez les pieds retomber de côté.

- Vous pouvez écarter les bras du corps, paumes tounées vers le haut, pour favoriser la détente des épaules, ou bien placer les mains sur le ventre.

- En gardant la tête sur le sol baissez le menton vers la poitrine pour étirer et détendre le cou.

- Fermez les yeux.

instructions

Vous pouvez lire toutes les instructions de la section et puis essayer les différentes étapes. Il est possible que votre esprit s'égare après la série de tensions et relâchements dans les jambes et les bras. Si c'est le cas, enregistrez les instructions et faites-les jouer; cela favorisera la concentration de votre esprit, puis sa détente.

Si vous optez pour l'enregistrement, ne lisez pas le contenu des parenthèses. Parlez d'une voix douce et monocorde.

- Après vous être installé confortablement, respirez à fond deux fois. Expirez par la bouche et dites à votre corps de lâcher prise.

- Concentrez-vous sur votre jambe droite. Étirez la jambe. (Si vous êtes sujet aux crampes dans les pieds, ne pointez pas les orteils.) Inspirez et soulevez la jambe de deux centimètres. Gardez votre souffle et tendez la jambe autant que possible... Encore! (Pendant ce temps comptez jusqu'à cinq ou jusqu'à dix.) Expirez et laissez la jambe retomber.

- Concentrez-vous sur votre jambe gauche. Étirez-la. Inspirez. Soulevez la jambe et gardez la position (pendant que vous comptez jusqu'à cinq ou dix). Relâchez.

- Si vous en avez envie, roulez les jambes vers l'intérieur et l'extérieur, jusqu'à ce que vous trouviez une position de repos confortable.

- Concentrez-vous sur votre bras droit. Étirez le bras et étendez les doigts. Serrez le poing. Inspirez et soulevez un peu le bras. Gardez votre inspiration et tendez le bras de toutes vos forces (pendant que vous comptez jusqu'à cinq ou dix). Relâchez.

- Pensez à votre bras gauche.
  Étirez le bras et étendez les doigts.
  Serrez le poing.
  Inspirez, soulevez le bras et tendez autant que possible. Tenez.
  Relâchez.

- Concentrez-vous sur vos épaules.
  Amenez les épaules vers le haut, l'une vers l'autre sur la poitrine, puis vers le bas.
  Tenez.
  Relâchez.

- Vous pouvez faire rouler les bras pour leur trouver une position de repos confortable. Oubliez vos bras.

- Maintenant, pensez à vos fesses.
  À l'inspiration, contractez-les autant que vous le pouvez.
  Davantage!
  Tenez.
  Expirez et relâchez.

- Concentrez-vous sur votre abdomen.
  À l'inspiration, gonflez-le comme un ballon.

- Inspirez autant d'air que vous le pouvez… encore un peu plus… encore…
  Tenez votre souffle (en comptant jusqu'à cinq), ouvrez la bouche; expirez.

- Concentrez-vous sur votre poitrine.
  À l'inspiration, gonflez la poitrine.
  Prenez encore un peu plus d'air… encore… Tenez.
  Détendez. C'est bien… Laissez aller.

- Concentrez-vous sur votre cou.
  Soulevez légèrement la tête pour étirer le cou (tenez de trois à cinq secondes).
  Détendez-vous.
  Roulez doucement la tête d'un côté à l'autre pour libérer toute tension.
  Trouvez une position confortable pour la tête et le cou.
  Relâchez.

- Concentrez-vous sur votre visage.
  Ouvrez la bouche et faites bouger la mâchoire inférieure d'un côté à l'autre et de bas en haut (quelques fois).
  Ouvrez grand la bouche et sortez la langue. Rentrez les joues.
  Détendez votre bouche.

- Plissez le nez…
et les yeux.
Détendez-les.
Levez les sourcils.
Détendez-les.

- Pour finir, tendez tous les muscles
du visage autant que possible.
Tendez-les vers un point imaginaire
situé au bout de votre nez…
Relâchez.
Avec le relâchement, sentez la tension s'envoler. (Comptez jusqu'à cinq.)

- Au besoin, ajustez votre position.
Trouvez une position de confort pour
garder votre immobilité pendant le
reste de la relaxation.

- Passez mentalement votre corps en
revue pour le libérer de toute tension
persistante. (N'allez pas trop vite :
prenez le temps de détecter et de
libérer la moindre crispation.)
Respirez normalement.
À la plus petite tension, ordonnez

doucement à cette partie du corps
de se détendre ou de lâcher prise
au moment de l'expiration.

- Passez en revue le bout des pieds,
les chevilles… Détendez-les.

- Les tibias, les mollets, les genoux et
les cuisses… Détendez-les.

- Passez aux poignets, aux mains, au
bout des doigts… Détendez-les.

- Les avants-bras, les coudes, les
bras… Détendez-les.

- Passez aux épaules, permettez-leur
de lâcher prise et de se détendre.

- Passez à vos fesses. Détendez-les.
Sentez vos hanches s'abaisser au fur
et à mesure que vous lâchez prise.

- Allez au ventre. Sentez votre ventre
qui s'assouplit au fur et à mesure
qu'il relâche et se détend.
Remontez les côtés de votre corps,
et détendez-les.

- Allez dans les côtes, la gorge, les poumons et le cœur… Détendez-les. Détendez votre cœur; lâchez prise.

- Descendez votre colonne vertébrale… Détendez-la. Sentez une vague de détente s'étaler depuis le centre de votre colonne vertébrale jusque sur vos côtés, ce qui détend aussi le bas du dos.

- Remontez au milieu de la colonne vertébrale… Détendez. Relaxez le milieu du dos.

- Et puis remontez en haut de la colonne vertébrale… Relâchez. Détendez le haut du dos.

- Observez votre dos qui se détend.

- Remontez au cou… Détendez-le. Mâchoires, langue et lèvres… Relâchez.

- Joues et nez… yeux, oreilles… Relâchez; détendez-les. Front… tempes… arrière de la tête…

Détendez-les… (comptez jusqu'à trois).

- Observez votre corps et laissez-le se détendre tout à fait (30 secondes).

- Observez votre souffle, voyez son flux apaisé entrer et sortir. Constatez à quel point votre souffle est tranquille (une minute).

- Maintenant, observez votre esprit et les pensées qui y circulent. Restez spectateur. Contentez-vous d'observer les pensées et les images qui vont et viennent sans vous engager dans leur cours (une minute).

- Prenez conscience de la paix qui vous habite. Cette paix est votre nature véritable, votre soi véritable. Sentez cette paix – reposez en elle – savourez-la (cinq minutes).

- Mettre fin à la séance Si vous enregistrez, faites un bruit pour signaler la fin de la période de repos. Commencez doucement, puis levez le ton. Vous pouvez psalmodier «Om» (voir chapitre 7).

- Recommencez à vous concentrer sur votre respiration; observez son rythme calme (30 secondes).

- Respirez plus profondément et imaginez que vous aspirez une lumière blanche énergisante, le prana, force de vie.

- Inspirez; revigorez votre colonne.

- Inspirez; revigorez les organes vitaux, les poumons et le cœur.

- Inspirez; faites descendre le prana dans vos bras et dans vos jambes.

- Respirez plus profondément encore pour énergiser le corps et l'esprit, et commencez à ramener le mouvement dans votre corps.

- Bougez les doigts et les orteils. Faites bouger doucement votre visage.

- Continuez de respirer profondément et roulez les bras et les jambes.

- Roulez doucement la tête d'un côté à l'autre.

- En respirant toujours profondément, revitalisez et revivifiez tout votre corps.

- Si vous en avez envie, étirez-vous doucement. Et puis, roulez-vous de côté, en boule, comme dans votre lit. En vous prenant doucement dans vos bras, dites-vous que tout va bien.

- Dans la paix, le calme, rafraîchi, assoyez-vous doucement.

- Rien ne presse. Prenez votre temps et assoyez-vous confortablement. (Mettez fin à l'enregistrement.)

- Ne vous précipitez pas; n'essayez pas d'agir tout de suite. Prenez quelques moments pour vous asseoir tranquillement. Sentez votre calme, votre concentration.

Toute la séance de yoga Nidra devrait prendre environ 15 minutes. Vous pouvez la faire à n'importe quel moment de la journée, mais si vous en avez la possibilité, faites un peu de yoga Nidra après votre séance de Hatha-yoga: la guérison de votre corps s'en trouvera favorisée, tout comme l'assimilation des bienfaits des postures; votre énergie s'en trouvera augmentée et vous aurez plus de temps pour apaiser encore davantage votre esprit.

Si vous le pouvez, après le yoga Nidra, prenez une quinzaine de minutes pour pratiquer le pranayama (voir chapitre 6) et puis restez assis pour méditer silencieusement pendant cinq minutes (voir chapitre 7).

Les postures de Hatha-yoga, le yoga Nidra, le pranayama et la méditation forment un système complet de santé et de bien-être. Ne faites que ce que vous avez le temps de faire. Par exemple, pratiquez vos postures; faites cinq minutes d'exercices de respiration et assoyez-vous pour méditer une minute; et réservez votre yoga Nidra pour plus tard durant la journée, quand vous en avez la possibilité.

Élaborez un programme d'exercices que vous n'aurez pas de mal à faire régulièrement. Deux rondes de Salut au soleil, un exercice de respiration, une minute tranquille, en position assise, bénéficieront au corps, aux émotions et à l'esprit. Commencez modestement. Vous vous sentirez si bien que vous allongerez tout naturellement le temps que vous consacrerez chaque jour à vous libérer des tensions, à accroître votre énergie et à apaiser votre esprit. Doucement, faites en sorte que votre pratique régulière entre dans votre quotidien. Comme pour le brossage des dents, intégrez votre pratique à votre hygiène quotidienne.

6

pranayama
(exercices de respiration)

pranayama

« On ne peut pas vivre sans respirer ;
respirer à moitié, c'est vivre à moitié. »

Sri Swami Satchidananda

Le pranayama contribue à enrichir notre sang d'oxygène, essentiel à la santé et à la vitalité. Le sang est «riche» quand il contient l'oxygène et les nutriments dont il a besoin. Vous pouvez enrichir votre sang par une respiration et une digestion adéquates. Le pranayama peut ramener la santé et la vitalité des fonctions respiratoire et digestive. Il peut aider à améliorer l'appétit et il purifie le système en brûlant des toxines (tout ce que le système ne veut ou ne peut pas utiliser). Les toxines proviennent des aliments et breuvages (voir chapitre 8), des médicaments, de la pollution, et des émotions comme la colère ou la peur.

Les respirations lentes et profondes permettent au cœur de se reposer.

Le pranayama contribue à renforcer le système immunitaire et aide à combattre l'infection. Lorsque vous respirez profondément, le thymus, une glande située dans la partie supérieure de la poitrine, derrière le sternum, se fait masser, est stimulée et son bon fonctionnement s'en trouve restauré. Le thymus appartient au système lymphatique – le système d'évacuation du corps. Il produit des lymphocytes, qui font partie des globules blancs qui entourent et attaquent les agents envahisseurs et les toxines.

Les respirations profondes massent le cœur, apportent santé, vitalité et guérison

Pranayama nettoie et renforce le système respiratoire, aidant ainsi à réduire les symptômes de la fièvre des foins.

physique et émotionnelle. Le cœur se repose entre les battements; lorsque la respiration ralentit, le cœur ne bat plus aussi vite et a plus de temps pour se reposer.

Le pranayama apaise et purifie le système nerveux. L'expiration lente stimule le système nerveux parasympathique, ce qui déclenche la réaction de relaxation naturelle du corps. Dans le système sympathique, il interrompt les réactions de stress, déclenchées par les situations éprouvantes, et favorise la détente des muscles squelettiques.

Le pranayama aide à contrer l'asthme et les autres problèmes respiratoires. Il peut aussi favoriser la diminution des symptômes de la fièvre des foins et de la sinusite en éliminant l'excès de mucus.

En yoga, les asanas nous aident à contrôler le corps physique; le pranayama, pour sa part, nous aide à dominer l'esprit, à prendre conscience de ce qui se passe en nous. Le souffle est le lien entre le corps et l'esprit; il les harmonise. Il reflète notre état d'esprit. En changeant votre manière de respirer, vous transformez aussi votre façon de penser et de ressentir. Quand l'esprit est agité, la respiration accélère et se fait courte. Quand l'esprit est calme, la respiration ralentit et s'approfondit.

le processus respiratoire

Par le système nerveux, le cerveau envoie aux muscles de la cage thoracique et au diaphragme des messages électriques. (Le diaphragme, un gros muscle en forme de dôme, sépare la poitrine de l'abdomen.) Stimulés par les impulsions électriques, ces muscles se crispent pour soulever et écarter les côtes tout en contractant le diaphragme, qui s'aplatit et descend. La cavité thoracique augmente, ce qui provoque une légère succion et l'expansion des poumons, occasionnant un vide dans les poumons, puis une baisse de pression interne. L'air est aspiré dans les poumons pour y niveler la pression. À l'expiration, le message électrique s'arrête et les muscles se détendent tandis que l'élasticité des poumons les force à se serrer et à expulser l'air.

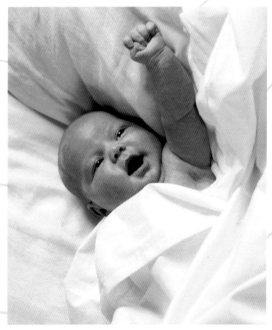

Tout naturellement, les bébés ont une respiration abdominale profonde.

types de respirations

respiration abdominale ou diaphragmatique

Quand un professeur de yoga demande à ses étudiants de respirer par le ventre, ou de respirer à fond en gonflant l'abdomen, il ne leur demande pas vraiment de respirer par le ventre, mais c'est une image efficace. Quand le diaphragme se contracte et s'aplatit, les organes abdominaux sont poussés vers l'extérieur au fur et à mesure que l'air est tiré vers le bas des poumons. On appelle «respiration primaire» la respiration diaphragmatique ou abdominale. Nous respirons surtout de cette manière; les bébés ont une respiration abdominale profonde, ce qui développe la base des poumons où se trouvent une grande concentration d'alvéoles, ou sacs d'air.

respiration thoracique

Entre neuf et douze mois, les muscles intercostaux du bébé se développent. Ils commencent à contracter et à gonfler la poitrine. Le bébé peut commencer à faire la respiration thoracique qui utilise les muscles de la poitrine et le milieu des

Les émotions refoulées entravent la respiration.

poumons. La respiration quitte l'abdomen – ou la partie inférieure des poumons. L'air est aspiré à mesure que les côtes s'élargissent en se soulevant.

Le développement physique se produit en même temps que le développement émotionnel. Le plexus solaire est le siège des émotions. (Placez un poing sur le sternum, au centre de la poitrine; il se trouve là un plexus de nerfs qui se tend avec le bouleversement émotionnel.)

L'émotion qui ne s'exprime pas bloque la respiration abdominale profonde, ce qui restreint l'entrée d'oxygène et affecte notre fonction respiratoire.

respiration claviculaire

Ce type de respiration utilise le sommet des poumons, qui commence sous les clavicules et se rend au sternum. On l'utilise rarement dans le cours de la respiration normale. Dans la respiration claviculaire ou respiration du haut de la poitrine, les clavicules se soulèvent légèrement, ce qui masse les muscles situés sous les clavicules et contribue à soulever davantage la cage thoracique. Derrière le muscle sous-claviculaire gauche se trouve le système lymphatique qui recueille les toxines pour les décomposer et les remettre dans le système afin de les évacuer. La respiration claviculaire contribue à l'élimination des déchets, à l'évacuation de l'air résiduel, vicié.

Les vêtements moulants et les ventres plats qu'impose la mode de notre société moderne favorisent la respiration de surface. L'entraînement militaire, les mauvaises techniques de chant et les mauvaises postures donnent tous lieu à une mauvaise respiration. Grâce à la pratique des techniques respiratoires du yoga nous pouvons réapprendre à respirer correctement. Graduellement, notre souffle nous aidera à nous libérer d'émotions non exprimées et améliorera notre santé et notre vitalité.

prana

Comme vous le constatez, il existe une foule de raisons pour apprendre à respirer profondément. Le pranayama s'occupe toutefois d'autre chose que le souffle et l'oxygène : il s'occupe aussi du prana.

Pra = première
Na = énergie
Yama = contrôle

Le prana, c'est notre force de vie; c'est le substrat de l'univers entier. Le pranayama contrôle cette force de vie essentielle. Pour le yogi, le corps est une représentation du cosmos dans son entier. Le matériau qui sert à construire l'univers sert aussi à façonner le corps humain. La vibration de l'énergie universelle ne diffère en rien de la force qui vibre dans l'organisme. Fondamentalement, nous ne sommes que de l'énergie primordiale, cosmique : le prana.

Sur le plan physique, le prana est mouvement et action, tandis que sur le plan subtil, il est pensée. La vibration du prana fait penser l'esprit; elle est l'énergie de l'esprit. Quand la vibration manque de régularité, les pensées sont irrégulières; quand nos réserves praniques manquent, nous ne pouvons penser clairement ni nous concentrer adéquatement. La pratique du pranayama accroît, contrôle et ajuste le prana, harmonisant sa vibration, laquelle apaise l'esprit et la pensée. Au chapitre 2, nous avons vu l'objectif du yoga. En dominant l'esprit il est possible d'atteindre la connaissance ou conscience universelle. La maîtrise de la respiration permet un contrôle efficace de l'esprit.

La pratique du pranayama normalise la vibration pranique dans les cellules organiques. Quand les cellules travaillent à l'unisson, elles apportent l'harmonie et, ce faisant, la santé au système tout entier. La pensée peut diriger le prana. La pratique régulière du pranayama permet d'emmagasiner cette énergie de guérison et, par la pensée, de la transmettre aux autres. Le seul fait de toucher, ou de poser la main sur un corps malade, peut apporter la guérison. Dans le processus de guérison – même de guérison à distance – l'énergie est dirigée ou déplacée d'un endroit à un autre.

Quand nous examinons le processus de la respiration et les bienfaits du sang oxygéné, nous considérons l'annamaya kosha, le corps de chair. Nous nous intéressons plutôt ici à l'aspect anatomique du pranamaya kosha, le corps pranique, fait de conduits astraux appelés nadis. On estime qu'entre 72 000 et 3 000 000 de nadis nourrissent de prana le corps et l'esprit. Le corps pranique nourrit le corps physique et les deux corps mentaux : les manomaya et vijnanamaya koshas.

Tout comme nous tirons le prana de l'air que nous respirons, nous nous emplissons de prana en absorbant de la nourriture et des breuvages (voir chapitre 8), du soleil et de l'eau. Les sources les plus élevées de

Il faut prendre le temps de se détendre et de profiter de la nature pour regarnir notre entrepôt d'énergie vitale.

prana se trouvent dans l'air frais à proximité de l'eau vive. L'abus, peu importe sa nature – nourriture, sommeil, travail, activités sexuelles, paroles, télévision, chaleur ou froid – dissipe le prana. Tout ce que nous faisons met le prana à contribution; l'excès nous prive de notre vitalité. Le peu de prana qui nous reste se perd souvent en crises émotionnelles. Constatez à quel point vous vous trouvez vidé après une dispute, à quel point vous êtes fatigué, incapable même de penser correctement. Pour la plupart d'entre nous, la manière de vivre et la respiration inefficace sont responsables des réserves praniques vidées, jamais reconstituées.

Le corps physique utilise nos réserves de prana en grande quantité, et il en reste peu pour l'activité mentale et le développement spirituel. Si nous tentons de dominer notre esprit pour méditer, il ne reste plus de prana pour développer ce contrôle : il ne nous reste plus qu'à nous asseoir et à penser! La pratique du pranayama génère cette force de vie essentielle. Quand nous méditons, le prana est alors affecté à des tâches plus nobles. La position couchée dissipe l'énergie. En position assise, l'énergie spirituelle située à la base de la colonne vertébrale monte – comme la température.

les chakras

Le prana voyage dans le corps d'énergie à travers un réseau de conduits appelés nadis. Les points d'intersection des nadis sont appelés chakras. Il y a trois principaux nadis : Ida, Pingala et Sushumna. Ida nadi et Pingala nadi naissent dans les ovaires et les testicules; Sushumna nadi prend naissance à la base de la colonne vertébrale. Ida nadi et Pingala nadi entourent le Sushumna nadi qui correspond au centre de la colonne vertébrale, dans le corps physique. Les points d'intersection de Ida nadi et Pingala nadi sont les principaux chakras, centres d'énergie, vortex tourbillonnant d'énergie. Les sept chakras principaux correspondent au plexus nerveux et aux glandes endocrines du corps physique. La pratique des asanas du chapitre 4 contribuera à l'équilibre du corps d'énergie. Au fur et à mesure que vous pratiquerez les postures reliées aux chakras, vous apporterez santé et vitalité aux glandes et aux plexus nerveux correspondants.

On associe Ida nadi avec la lune, la gauche, l'aspect négatif, la femme, la création, l'intuition, la compassion, l'attention, la détente, tous les aspects du cœur de l'être, tandis qu'on lie Pingala nadi au soleil, à la droite, à l'homme, au rationnel, à la logique, à l'affirmatif, à l'objectif, aux aspects plus intellectuels de l'être. Quand nous inspirons, nous stimulons le système nerveux sympathique, ce qui nous pousse à l'action et excite le Pingala nadi. À l'expiration, nous stimulons le système nerveux parasympathique, ce qui nous aide à nous détendre et stimule l'Ida nadi. Les postures du Hatha-yoga et le pranayama contribuent à l'équilibre de ces deux nadis. Quand l'équilibre survient, un point situé au centre du chakra racine commence à s'ouvrir.

La philosophie yogique dit que chacun dispose d'une réserve d'énergie spirituelle en dormance à la base de la colonne vertébrale, au point du muladhara, ou chakra racine. On appelle cette réserve kundalini – serpent enroulé, qui se dresse et se déplace le long de Sushumna nadi, en transperçant les chakras principaux, lorsque nous entamons notre développement spirituel. Au fur et à mesure que les chakras s'ouvrent, nous mettons en valeur diverses qualités, diverses capacités liées à ces chakras particuliers. L'ouverture des chakras peut aussi apporter l'expérience spirituelle. Les trois chakras inférieurs sont liés à la terre, tandis que les chakras supérieurs sont rattachés au ciel. Nous cherchons l'équilibre et l'harmonie pour connaître le paradis sur terre.

Certaines écoles de yoga cherchent à éveiller cette énergie pour connaître les prétendus «pouvoirs» ou siddhis. Cependant des problèmes mentaux ou nerveux peuvent survenir lorsque le kundalini s'éveille prématurément, c'est-à-dire avant que les corps physique, mental et émotionnel aient été purifiés et renforcés. Il vaut mieux développer, harmoniser et purifier graduellement, laisser se développer ce qui doit l'être au moment propice. Votre pratique yogique ne devrait pas avoir pour but le développement de l'expérience spirituelle et ses accomplissements qui en sont plutôt les dérivés. Mon gourou, Swami Satchidananda, enseigne que le but du yoga devrait être le développement d'un

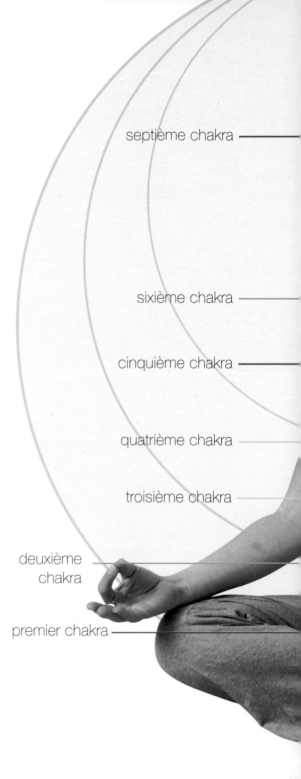

septième chakra

sixième chakra

cinquième chakra

quatrième chakra

troisième chakra

deuxième chakra

premier chakra

corps sain, et d'un esprit calme et apaisé tout en menant une vie heureuse et utile, et en partageant ses connaissances pour apporter aux autres santé et bonheur.

En expliquant les différents chakras, je fais référence aux trois attributs de la nature matérielle appelés gunas : sattva (pureté), rajas (activité) et tamas (inertie). Dans l'univers manifeste, chaque élément possède ces attributs dont l'un ou l'autre prédomine (voir chapitre 8).

1 chakra muladhara
(chakra racine)

Il correspond à/au • on l'associe à/au • il est harmonisé par :

· corps	coccyx (à la base de la colonne vertébrale)
· glande endocrine	ovaires et testicules
· sens	odorat
· émotion	peur (émotion la plus fondamentale)
· attribut	centrement
· développement	instinct de survie
· couleur	rouge
· élément	terre
· mantra	lam
· asanas	cobra, sauterelle et demi-sauterelle, arc, flexions avant

Notre instinct le plus puissant est l'instinct de survie. Nos besoins sont les suivants : nourriture, abri, vêtement ou chaleur. Notre survie est menacée lorsque l'un ou l'autre de ces besoins essentiels n'est pas satisfait. Notre instinct de survie relève du guna tamas : nous devons survivre et nous abriter à tout prix. Quand nous avons suffisamment de nourriture et un endroit pour nous garder au chaud, alors nous voulons que notre nourriture soit savoureuse et que notre maison soit confortable, ce qui relève du chakra muladhara, avec prédominance du guna rajas. La plupart des gens en restent là. Ils ne craignent plus pour leur survie fondamentale, ils craignent plutôt les actes des autres : peur du vol, peur de la faillite ou de l'incendie. Toute l'industrie de l'assurance est née d'un déséquilibre du premier chakra! Notre angoisse et notre peur viennent de la crainte de perdre ce que nous avons. Nous craignons la soif alors que le puits est plein. Une fois équilibré, le chakra s'ouvre, l'énergie, dans son aspect sattva, peut circuler et la peur disparaître.

2 chakra svadhisthana
(chakra sacré)

Il correspond à/au • on l'associe à/au • il est harmonisé par :

·	corps	sacrum
·	glande endocrine	surrénales
·	émotion	passion
·	attribut	fluidité
·	développement	liens familiaux
·	sens	goût
·	couleurs	orange/ocre
·	élément	eau
·	mantra	vam
·	asanas	demi-torsion, triangle

Le deuxième chakra s'occupe de la procréation. La deuxième force de la nature consiste à assurer la survie de l'espèce. Une fois notre survie assurée, nous pouvons procréer. Au niveau tamasique, il ne s'agit que de continuer l'espèce. La nature a rendu l'activité sexuelle agréable pour s'assurer qu'elle ait lieu! En la développant un peu, nous lui ajoutons un peu de l'aspect rajas avec du romantisme, un repas aux chandelles, ou des fleurs. Toute l'industrie de la publicité nous vient surtout du deuxième chakra.

Quand le deuxième chakra s'ouvre, nous connaissons la créativité. Les talents artistiques, musicaux, toutes les formes de création viennent du deuxième chakra sous sa forme sattva. Il ne faut pas supprimer cette force procréatrice sous peine de voir la vie manquer de plénitude. La créativité satisfait l'instinct.

Les problèmes de santé causés par le déséquilibre ou l'obstruction à la circulation de l'énergie dans ce deuxième chakra incluent les maladies de la prostate et des ovaires, le SPM, l'infertilité et les MTS.

3 chakra manipura
(chakra du plexus solaire)

Il correspond à/au • on l'associe à/au • il est harmonisé par :

- corps — région lombaire, organes digestifs
- glande endocrine — pancréas
- sens — vue
- émotion — colère
- attribut — activité
- développement — pouvoir universel
- couleurs — jaune/or
- élément — feu
- mantra — ram
- asanas — arc, flexions avant, yoga mudra, respiration complète

Une fois notre survie et celle de l'espèce assurées, nous commençons à nous demander qui nous sommes, comment nous sommes relié au reste du monde et comment le reste du monde se rattache à nous. Le troisième chakra s'intéresse au pouvoir. Plusieurs maladies modernes sont associées à lui : ulcères, problèmes du foie, de la vésicule biliaire, de la rate, diabète, maladies immunitaires, maladies sociales comme l'alcoolisme et l'abus physique, émotionnel et psychologique.

Si vous êtes doté du véritable pouvoir de la guna sattva, vous n'avez pas besoin de chercher à le montrer ou à l'affirmer. Quand le pouvoir vient de la guna tamas, nous n'en avons pas conscience; quand il provient de la guna rajas, nous nous servons du pouvoir pour dominer davantage. Quand nous ne sommes pas naturellement puissants, nous pouvons créer un mauvais pouvoir et nous en servir depuis les premier et deuxième chakras. L'origine de l'abus physique et de la violence se trouve là : quand le pouvoir sert à surmonter la peur et la passion. Le manque d'estime de soi peut conduire l'être humain à chercher à dominer et asservir les autres.

Lorsqu'ils se sentent impuissants, certains ont tendance à trop manger; le troisième chakra se reflète alors dans le premier. Les comportements d'habitude comme le tabagisme, l'alcoolisme, la toxicomanie, la boulimie, viennent du troisième chakra.

Professeurs, thérapeutes, et enseignants sont du troisième chakra. Si ce dernier n'est pas purifié, ils tendent à s'enrichir sans se mettre au service des autres.

D'ordinaire, les enfants colériques sont très intelligents et méritent le respect. Il faut leur accorder liberté et pouvoir, autrement la colère pourrait les mener à la haine, ce qui pourrait à son tour se muer en haine de soi. Il ne faut pas essayer de casser les enfants colériques : le pouvoir en eux doit être apprivoisé et canalisé; il faut donc leur donner une direction, puis lâcher prise.

Quand le troisième chakra est purifié, que l'énergie y circule librement, on voit apparaître le leader comme le Mahatma Ghandi ou Martin Luther King. Utilisé dans sa forme de la guna sattva, le pouvoir est bienfaisant. Le pouvoir le plus grand est de nature spirituelle; il est caché et bienveillant. Pour nous purifier, afin de développer notre pouvoir et le mettre au service de l'humanité, il faut commencer par se mettre au service des autres. Nourrir son prochain vient du premier chakra, tandis que le loger vient du deuxième.

Les trois premiers chakras sont les chakras terrestres, inférieurs. Au-dessus du troisième chakra se trouve un gros nœud, un glanglion nerveux, qui fait obstacle au passage du plan inférieur au plan supérieur divin. Nos émotions négatives de peur, de passion, de colère, viennent des chakras inférieurs. Il n'y a pas d'émotions négatives associées aux chakras supérieurs. Pour purifier le troisième chakra, il faut s'engager dans le Karma yoga, le dévouement aux autres, et garder les autres pratiques purificatrices. En nous mettant au service des autres, nous pouvons purifier les trois premiers chakras et commencer à faire monter notre énergie.

4 chakra anahata
(chakra du cœur)

Il correspond à/au • on l'associe à/au • il est harmonisé par :

· corps	cœur et poumons
· glande endocrine	thymus
· sens	toucher
· émotion	amour
· attribut	sentiment
· développement	compassion
· couleurs	rose/vert
· élément	air
· mantra	yam
· asanas	cobra, poisson, arc, posture sur les épaules, psalmodie, rire, amour.

Bien sûr, on perçoit l'amour dans les trois chakras inférieurs, mais l'amour dont il est question ici est l'amour divin, inconditionnel, la compassion pour être plus précise. L'ouverture du quatrième chakra fait perdre le sens de la famille individuelle. Les trois chakras inférieurs nous incitent à motiver l'amour : «je t'aime parce que…» L'amour venu du quatrième chakra ressemble au soleil : il éclaire tout le monde. Chacun fait partie de notre famille; nous aimons chacun également, et nous aimons parce que nous sommes amour. Chacun peut aimer depuis ce chakra, mais l'amour se manifestera par notre chakra dominant : l'amour de la maison et de la sécurité, de la sexualité ou du pouvoir. Quand le chakra anahata est ouvert le monde entier change : même la chose la plus vile, la plus laide, devient belle.

Des troubles de santé physique peuvent survenir quand nous ne sommes pas assez aimés ou que nous n'aimons pas assez. Nous nous efforçons de refermer la moindre petite ouverture du chakra du cœur, ce qui peut occasionner des problèmes et, dans certains cas, des troubles sérieux des poumons, du cœur, ou du thymus (ce qui conduit à la déficience immunitaire, au SIDA et à certaines formes de cancer). Pour le cœur, le principal problème c'est le sentiment d'isolement. Plus nous nous sentons isolé, plus le centre du cœur se referme, plus les artères durcissent et se bouchent, ce qui coupe la circulation menant au cœur et accroît le sentiment d'isolement. La mauvaise circulation sanguine et le manque de prana referment aussi le cœur. Faites grandir l'amour et la compassion en vous mettant au service des autres. Ne les servez pas parce que vous devez le faire – l'idée de votre troisième chakra – mais parce que vous le pouvez. Plus vous donnerez, plus vous recevrez.

Le rire est un médicament social et l'un des meilleurs remèdes pour les cardiaques. Il soulage des bouleversements émotionnels et libère l'énergie bloquée, favorisant son passage du troisième au quatrième chakra. Le rire favorise la libération des endorphines dans la circulation sanguine, une manière toute naturelle de planer. Il peut vous libérer des manifestations physiques du stress en libérant des

hormones qui relâchent la tension musculaire. Le rire peut aussi stimuler et bâtir votre système immunitaire en augmentant le nombre de lymphocites dans le sang. Allez-y : riez!

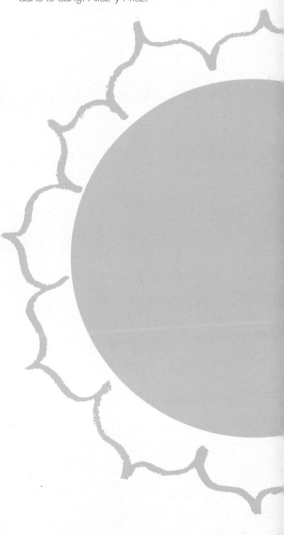

5 chakra vishuddha
(chakra de la gorge)

Il correspond à/au • on l'associe à/au • il est harmonisé par :

- corps — colonne cervicale (base de la gorge)
- glande endocrine — thyroïde
- sens — ouïe
- émotion — par-delà l'émotion, ce chakra s'occupe de communication
- attribut — introspection
- développement — auto-analyse
- couleur — bleu
- élément — espace
- mantra — ham
- asanas — cobra, posture sur les épaules, poisson, torsion

C'est le point d'intersection le plus élevé de l'Ida nadi et du Pingala nadi. Tout comme la clairvoyance – c'est-à-dire la capacité de prédire ou de voir l'avenir –, une meilleure compréhension de la nature et des autres commence à se développer. L'énergie est équilibrée.

En ouvrant ce chakra vous vous préoccuperez de communication et surveillerez vos paroles. Vos mots devraient porter la vérité, la tranquillité; ils devraient être bienfaisants, agréables. La communication du chakra de la gorge est divine; elle ne cause jamais de tort.

Le manque de pureté entrave la circulation de l'énergie dans le cinquième chakra et peut mener à des problèmes de gorge, de sinus, d'oreilles et de bouche. Pour développer la pureté, faites silence, écoutez. Nous avons deux oreilles qui sont toujours ouvertes et une bouche qui est fermée naturellement. Ne gaspillez pas votre énergie en bavardages oisifs. Le sage écoute beaucoup et parle peu.

6 chakra ajna
(chakra du troisième œil)

Il correspond à/au • on l'associe à/au • il est harmonisé par :

- corps — cerveau
- glande endocrine — pituitaire
- sens — pensée
- attribut — concentration
- développement — sagesse
- couleurs — indigo/argent
- élément — au-delà des éléments
- mantra — om
- asanas — mouvements oculaires, posture sur les épaules, poisson, posture sur la tête, suddhi nadi, purification des nerfs, om psalmodié

Le sixième chakra traite de la sagesse. Quand le chakra ajna est ouvert, nous dépassons l'amour fraternel divin; nous dépassons le corps et la personnalité; nous ne sommes que connaissance, sagesse totale, pure. Nous sommes devenus des êtres de lumière et nous ne sommes plus un corps physique. Il serait difficile de vivre en ce monde si nous ne venions que du sixième chakra. Nous ne verrions que la lumière, nous n'aurions pas conscience du corps physique. Depuis le sixième chakra où les émotions n'existent pas, nous ne pensons pas, nous savons. La sagesse ne ressent rien; elle est.

7 chakra sahasara
(chakra coronal)

Il correspond à/au • on l'associe à/au • il est harmonisé par :

- corps — sommet de la tête
- glande endocrine — épiphyse
- sens — intuition
- attribut — ananda – félicité
- développement — spiritualité
- couleurs — blanc pur/violet
- mantra — silence
- asanas — mouvements oculaires, posture sur les épaules, poisson, posture sur la tête, suddhi nadi , om psalmodié

Il n'y a rien à dire. Nous en sommes à l'état ultime de la réalisation de soi, le samadhi, celui de la félicité pure. Quand l'énergie monte au chakra coronal, le corps et l'esprit ont été dépassés. L'énergie reste au niveau supérieur et quitte le corps : le soi n'existe plus.

Vous pouvez atteindre le samadhi, but du yoga, par l'ouverture et la purification de n'importe quel des chakras supérieurs.

Quand vous faites votre séance d'asanas, de pranayama et de méditation, concentrez-vous sur l'un des chakras. Pour favoriser la pureté et les qualités d'ordre spirituel, et surmonter vos tendances naturelles, concentrez-vous sur l'un des chakras supérieurs. Vous pouvez répéter l'un des mantras ou utiliser les couleurs associées aux chakras. Il est possible qu'en vous concentrant sur un chakra vous voyiez une autre couleur que celle qui lui est associée; ne vous inquiétez pas. Faites vos propres expériences et profitez du voyage!

La fleur de lotus au nombre de pétales différent représente chacun des chakras. Concentrez-vous sur le chakra et visualisez la fleur de lotus refermée, pointée vers le bas. Imaginez ensuite la fleur qui tourne en se

dressant et voyez-la éclore, permettre à
l'énergie de circuler à travers elle. C'est un
exercice de visualisation bien adapté pour
le chakra anahata, le chakra du cœur.

Muladhara – quatre pétales
Svadhisthana – six pétales
Manipura – dix pétales
Anahata – douze pétales
Vishudda – seize pétales
Ajna – deux pétales
Sahasara – infini

Pour développer sa spiritualité, pour
assurer l'éveil de l'énergie spirituelle et
purifier les chakras, il n'y a rien de mieux
que de se mettre au service des autres.
«Le dévouement est la clé du yoga. C'est
la clé de toute joie, de toute paix. Donnez,
donnez, donnez : c'est l'enseignement
fondamental du yoga et de toutes les
religions. Que chaque minute de votre
existence serve à l'humanité. Apportez la
paix et la joie à chacun et ne nuisez à
personne. Pas de raccourci possible : c'est
la seule manière de connaître le vrai
bonheur.» Sri Swami Satchidananda.

pratique de pranayama

En yoga, on dit qu'un gramme de pratique vaut une tonne de théorie!
Puisqu'on en a fini avec la théorie pour l'instant, apprenons quelques
techniques de respiration qui contribueront à transformer votre existence.

- Assoyez-vous confortablement,
  jambes croisées ou à genoux. Si
  vous le préférez, utilisez un coussin.
  Vous pouvez vous adosser contre
  un mur ou utiliser une chaise (voir
  chapitre 4). Votre position doit vous
  permettre de rester immobile pour ne
  pas dissiper le prana. Le corps doit
  être détendu et au chaud. Si vous
  sentez des tensions ou que vous
  avez froid ou trop chaud, vous
  perdrez du prana et votre esprit
  sera distrait.

- Gardez le dos droit, la poitrine dégagée et les épaules baissées. Vous pourrez ainsi soulever la poitrine et la gonfler au fur et à mesure que vous développerez votre pleine capacité pulmonaire. Si vous vous tenez mal, la poitrine ne pourra pas se gonfler durant les respirations profondes; votre système se fatiguera.

- Si vous n'êtes pas à votre aise, si vous avez la tête qui tourne, arrêtez les respirations et reprenez vos respirations normales.

- Commencez toujours les nouvelles techniques, particulièrement les exercices de respiration, en douceur, prudemment. Vos poumons, votre cœur et votre système nerveux sont fragiles : ne les fatiguez pas. Si vous respirez en soupirant ou en haletant, c'est que vous faites des efforts. Procédez à des ajustements.

- À moins d'avis contraire, les techniques de respiration commencent toutes sur l'expiration; de plus vous respirez par le nez. La respiration par le nez filtre et réchauffe l'air. Elle nous permet de mieux contrôler le souffle, le prana et l'esprit. Elle permet aussi d'améliorer la circulation d'énergie dans Ida nadi et Pingala nadi.

- La seule exception est la respiration de nettoyage, pour laquelle vous inspirez par le nez et chassez l'air par la bouche en soupirant. Entre deux postures, ce type de respiration convient bien parce qu'elle contribue à l'évacuation des toxines et à la libération des émotions et des tensions non exprimées.

deergha swaasm
(respiration complète)

Cette technique vous apprend à utiliser votre capacité pulmonaire par une respiration abdominale, thoracique et claviculaire. Elle vous fournit sept fois plus d'oxygène que la respiration superficielle habituelle et vous procure les bienfaits associés aux respirations profondes et à un sang riche, bien oxygéné.

Vous respirerez en trois temps, ce qui peut vous sembler facile. Cependant, en raison des années de mauvaise technique de respiration, nous avons plutôt tendance à faire de la respiration inversée. Au lieu de gonfler le ventre à l'inhalation, nous le contractons et le rentrons. Pour apprendre la bonne technique, suivez les trois étapes.

1

Placez vos mains sur votre ventre. Expirez. En inspirant, sentez votre ventre gonfler. Expirez et sentez votre ventre rentrer. C'est la respiration abdominale. Faites quelques respirations de ce type.

Assurez-vous de ne pas faire de respiration inversée, que votre abdomen se gonfle à l'inhalation et qu'il rentre à l'expiration.

2

Placez les mains de chaque côté, sur les côtes, doigts pointés vers le centre du corps. Expirez. Inspirez et sentez vos côtes s'élargir tout en se soulevant et en s'abaissant. La respiration thoracique utilise le milieu des poumons. Faites quelques respirations.

3

Placez les doigts sur les clavicules. Expirez. Inspirez et sentez le haut de la poitrine se soulever légèrement. C'est ce qu'on appelle la respiration claviculaire; vous respirez depuis le sommet des poumons. Faites quelques respirations.

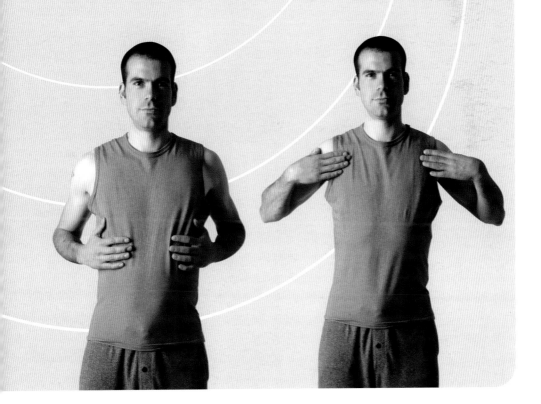

Quand vous réussissez bien les trois différentes parties, réunissez-les pour former une seule respiration lente, homogène. Vous inspirez et gonflez depuis le bas jusqu'en haut, et vous expirez depuis le haut jusqu'en bas.

1

Assoyez-vous confortablement, dos droit et épaules abaissées. Fermez les yeux.

2

Expirez. Inspirez en gonflant le ventre, la cage thoracique et le haut de la poitrine.

3

Expirez tandis que le haut de la poitrine s'abaisse, que les côtes rentrent et que le ventre se contracte. Pour vider les poumons, rentrez doucement le ventre en finissant d'expirer; ainsi vous aspirerez plus d'air frais à l'inspiration.

Pratiquez pendant trois minutes. Pour favoriser votre concentration, comptez vos respirations. Avec le temps, votre capacité pulmonaire augmentera. Allez-y doucement : rien ne presse.

la respiration complète au quotidien

Servez-vous de cette respiration quand vous êtes bouleversé. Rappelez-vous : le souffle apaise l'esprit, calme les émotions et vous aide à vous détendre.

Au lieu de vous laisser aller à la dispute, prenez quelques lentes respirations profondes pour vous calmer avant d'ouvrir la bouche. Si vous n'arrivez pas à vous exprimer parce que vous êtes bouleversé ou que vous avez envie de pleurer, prenez quelques grandes respirations complètes et laissez

La respiration complète vous aide à rester concentré toute la journée.

les pensées ralentir et se calmer, et les émotions s'apaiser. Si vous êtes irrité, apeuré ou nerveux, servez-vous de la même technique : les respirations profondes et lentes stimulent le système nerveux parasympathique et favorisent la pensée claire, la détente et l'apaisement.

Tout en respirant profondément, concentrez-vous sur le souffle. Vous pouvez y arriver :

1

En observant l'air au bout de votre nez. Constatez la fraîcheur de l'air apaisant qui entre et l'air chaud, vicié, qui sort.

2

En observant les mouvements du corps pendant la respiration.

3

En remarquant la durée de l'expiration comparativement à la durée de l'inspiration.

4

En comptant vos respirations.

La respiration profonde contribue au contrôle de la douleur et à la guérison. Respirez dans la douleur. Imaginez que le prana dissout l'inconfort et remplace les cellules malades. Vous pouvez penser à une couleur, une lumière blanche énergisante, à de l'eau fraîche, ou à ce qui vous vient à l'esprit.

Respirez dans la région affectée et, sur l'expiration, imaginez que vous lavez la douleur, la gêne ou la maladie, que vous la soufflez ou l'expirez.

Certaines personnes aiment imaginer que le prana ramasse et dissout les cellules malades. À l'expiration, les cellules dissoutes sont expirées du corps sous forme de suie qui disparaît, chassée de votre nez. Servez-vous de cette technique pour vous débarrasser de l'angoisse ou des maux de tête, des douleurs menstruelles ou des maladies plus graves qui affectent le corps et l'esprit.

brahmari
(respiration de l'abeille)

La respiration de l'abeille calme les émotions et l'esprit, apporte un sentiment de paix et de bien-être. Elle aide aussi à tonifier les cordes vocales. Le bourdonnement aide l'esprit à se concentrer tandis que la vibration créée contribue à l'équilibre et au règlement de la fonction de la glande pituitaire, située au centre de la tête, entourée de sang et protégée par l'os. Le bourdonnement fait vibrer le sang et tonifie la glande pituitaire, glande maîtresse qui régit la plupart des autres glandes endocrines. La glande pituitaire est responsable de notre bien-être émotionnel, mental et physique.

1

Assoyez-vous confortablement, dos droit, épaules détendues, yeux fermés.

2

Inspirez suivant la respiration complète.

3

Expirez lentement, en produisant un léger bourdonnement.

4

Sentez la vibration sur votre palais mou au centre de la tête et puis sentez-la monter. Répétez durant une à trois minutes.

Vous pouvez monter ou descendre le ton. Remarquez l'endroit où vous sentez les vibrations quand la tonalité change. Si une tonalité particulière vous plaît, conservez-la.

Pour vous concentrer davantage, faites le yoga mudra. Ce geste aide à centrer l'esprit et à concentrer le prana tout en éloignant la conscience des sens.

1

Approchez les deux mains sur le visage, les doigts écartés.

2

Placez les pouces dans les oreilles, les index sur les yeux, les majeurs sur les narines, les annulaires au-dessus de la lèvre supérieure, et les auriculaires, sous la lèvre inférieure.

3

Pratiquez la respiration de l'abeille, comme vous l'avez fait plus tôt; répétez cinq fois, baissez les mains et restez assis. Observez le calme, la paix qui vous ont gagné.

kapalabhati
(respiration rapide)

Cette respiration rapide, diaphragmatique, consiste en de courtes et rapides expirations forcées, suivies d'inspirations automatiques naturelles. Elle nettoie les nadis du crâne et améliore le teint. Elle oxygène tout le système et augmente l'énergie et la vitalité. Quand vous êtes fatigué et qu'il vous faut continuer à travailler et à vous concentrer, c'est une respiration formidable. Elle remet les idées en place et vous aide à rester bien éveillé.

1

Assoyez-vous confortablement, dos droit, épaules abaissées. Fermez les yeux.

2

Posez d'abord une main sur le ventre. Expirez entièrement.

3

Prenez une demi-respiration, en ne gonflant que le ventre.

4

Rentrez brusquement le ventre, ce qui forcera l'expiration.

5

Au fur et à mesure que le ventre se détend, l'air est inspiré à l'intérieur.

- Assurez-vous que les épaules sont immobiles et le visage, détendu.

- Ne forcez pas. Si vos respirations sont bruyantes, c'est que vous forcez trop.

- Posez une main sur votre ventre pour vous assurer que vous ne faites pas de respiration inversée; le ventre doit rentrer au fur et à mesure que l'air sort.

- Si vous avez du mal à le faire, ralentissez. Avec votre main, poussez doucement sur l'abdomen en expirant.

- Inspirez bien après chaque expiration. Certains ne font que répéter les expirations, ce qui finit par couper le souffle.

- Si vous avez toujours du mal, faites l'exercice couché sur le dos.

- Imaginez que vous essayez de souffler sur une mouche posée sur le bout de votre nez! Le ventre rentre brusquement comme lorsque vous éternuez, toussez ou riez.

- Commencez par faire trois séries de 10 à 15 respirations.

- Avec la dernière expiration de chaque série, expirez complètement et puis faites une respiration complète. Quand vous vous sentirez prêt, commencez la série suivante. Tenez-vous-en à trois séries, mais augmentez progressivement le nombre de respirations dans chacune des séries.

- Si vous vous sentez étourdi, arrêtez! Reprenez votre respiration normale.

- Ne faites pas cette respiration durant les menstruations ou la grossesse.

suddhi nadi
(purification des nerfs)

Suddhi nadi ne diffère de la respiration complète que par le fait que la respiration passe alternativement par une narine puis par l'autre. Suddhi nadi renforce et purifie le système nerveux. Il équilibre les hémisphères droit et gauche du cerveau et favorise l'apaisement et l'organisation des pensées.

Suddhi nadi contribue à l'équilibre de Ida nadi et Pingala nadi auxquels il apporte l'harmonie. Quand nous ne sommes pas en état d'équilibre, l'énergie ne circule pas : elle reste confinée dans Ida nadi ou dans Pingala nadi. Comme pour un nettoyage des artères, Suddhi nadi vide Ida nadi et Pingala nadi. Le flux de prana épaissit et s'homogénéise tandis qu'un torrent d'énergie nourrit Ida nadi et Pingala nadi, ce qui crée de la chaleur à la base de la colonne vertébrale, laquelle vibre et libère l'énergie qui peut monter le Sushumna nadi et, ce faisant, transpercer les chakras. Ida nadi et Pingala nadi montent jusqu'en haut du nez; seul le Sushumna nadi monte droit au ciel, ouvrant au passage le chakra ajna et le chakra sahasara.

1. Assoyez-vous confortablement, dos droit, épaules détendues, yeux fermés.

2. Pliez le coude, et formez un poing de la main. Libérez le pouce et les deux derniers doigts du poing. C'est le Vishnu Mudra (voir chapitre 4).

3. Expirez. Inspirez, en faisant la respiration complète, et fermez doucement la narine droite avec le pouce si vous êtes droitier, ou les doigts si vous êtes gaucher.

4. Expirez doucement par la narine gauche.

5. Inspirez par la narine gauche, et puis changez. Expirez par la droite, inspirez par la même narine, puis changez.

6. Continuez : expirez, inspirez, changez.

7. Quand le rythme des respirations vous convient, commencez à compter vos respirations. Faites en sorte que vos expirations soient deux fois plus longues que les inspirations.

- Commencez par tenir un ratio de 4:8. Inspirez en comptant jusqu'à 4 et expirez jusqu'à 8. Gardez votre souffle uniforme. Si vous courez après, c'est que le ratio est trop élevé. Faites les ajustements nécessaires. Graduellement, augmentez votre ratio.

- Continuez pendant trois minutes. Si vous deviez vous sentir étourdi ou inconfortable, arrêtez aussitôt.

utiliser suddhi nadi au quotidien

Quand vous êtes fatigué, que vous ne pouvez pas vous concentrer ni penser clairement, il peut être difficile de prendre des décisions. Faites quelques séries de Suddhi nadi; vos pensées s'apaiseront et s'organiseront. Essayez : ça fonctionne!

SI vous devez faire face à une situation difficile et peinez à trouver les mots qu'il faut, faites quelques séries de Suddhi nadi.

Comme la valve de l'autocuiseur, Suddhi nadi libère lentement, doucement, la pression. Quand on laisse la pression s'accumuler, le couvercle saute et balance les carottes partout! Ne laissez pas les émotions s'accumuler en vous jusqu'à l'explosion! Quand les passions se déchaînent, vous avez déjà perdu toute rationalité et il est devenu impossible de communiquer efficacement. La même technique contribue à la libération des effets dommageables de la peur accumulée, de la dépression et de l'angoisse.

Pour contrôler les émotions et restaurer la paix d'esprit, pratiquez Suddhi nadi trois fois par jour ou chaque fois que vous en avez besoin. Au travail ou dans un lieu public, rendez-vous à la toilette ou faites

En n'importe quel lieu, cette respiration peut soulager des effets du stress.

plutôt une respiration complète.

Vous pouvez ajouter une affirmation positive à votre respiration. Toute phrase susceptible de vous inspirer ou de produire un effet positif sur l'esprit – «je suis calme; je suis en paix»; «je suis courageux; je suis fort» – fonctionnera. Une affirmation à l'inspiration et l'autre à l'expiration.

ujjayi
(respiration gutturale)

L'Ujjayi cherche à augmenter le contrôle de la respiration et à favoriser la concentration, en amenant la conscience en soi. On l'utilise de concert avec la respiration complète ou avec Suddhi nadi.

En inspirant et en expirant, vous contractez doucement l'arrière-gorge – ou l'épiglotte – ce qui donne lieu à un sifflement doux. Observez le son, la friction de l'air qui frotte l'arrière-gorge. Ne serrez pas trop et ne faites pas de sifflement trop fort.

après votre
séance de pranayama

Lorsque vous avez terminé vos exercices de respiration, restez tranquillement assis pendant quelques minutes – au moins une! Votre esprit sera très calme, tranquille. Saisissez l'occasion de profiter de cette extraordinaire paix, d'en apporter les bienfaits aux autres domaines de votre vie.

Pranayama est la quatrième étape du Raja yoga et il nous entraîne depuis les exercices pratiques jusqu'aux exercices mentaux du retrait des sens, de la concentration et de la méditation, ce qui nous amène à la huitième et dernière étape du samadhi – l'état de supra-conscience. Pranayama prépare parfaitement à la méditation.

7

dhyana
(méditation)

dhyana

La méditation consiste à garder l'esprit concentré sur un point ou un objet particulier. Il importe autant de se préparer à la méditation que de méditer. Les postures et la relaxation profonde contribuent à vous débarrasser des tensions et à détendre le corps; elles vous permettent de rester assis sans bouger et sans méditer sur vos petits bobos. Pranayama commence à stabiliser l'esprit et génère l'énergie nécessaire aux pratiques spirituelles.

Vous êtes assis, prêt à méditer, lorsqu'un bruit se fait entendre. Votre esprit se met à errer. Les organes des sens, la langue, le nez, et dans ce cas l'oreille, viennent distraire l'esprit pourtant calme et concentré. En entendant le bruit, l'esprit entame une conversation pour tenter de savoir ce qui se passe. Ou bien ce pourrait être une odeur qui vient chatouiller votre nez. Le résultat serait le même : votre esprit serait distrait.

Sur la voie de la méditation, la première étape consiste à éloigner l'esprit des objets sensoriels. Avec le temps et la pratique, vous pourrez ensuite contrôler les sens eux-mêmes. En soi, les organes des sens sont inoffensifs. Le problème, c'est quand on ne peut les contrôler. Centrés sur les objets du monde matériel, les sens stimulent la pensée, les émotions et les désirs, ce qui agite l'esprit. Une fois le désir installé, l'esprit ne connaîtra pas le repos tant que ce désir n'aura pas été satisfait. Même quand le désir est comblé, l'expérience du contentement dure peu et se voit remplacée par un autre désir.

Quand nous nous assoyons les yeux fermés et que nous nous concentrons sur ce qui se passe en nous, les sens trouvent la paix et se concentrent sur le calme, ou la lumière intérieure. L'esprit, désormais à l'abri de la sollicitation des sens, assume son état de paix naturel. Le retrait des sens s'appelle pratyahara; c'est le cinquième degré du Raja yoga.

Lorsque l'esprit n'est plus troublé par le corps ou les sens, il est possible d'exercer sa concentration, dharana, sixième étape du Raja yoga. C'est le début de la méditation. Vous entraînez l'esprit à rester fixé sur un objet ou en un lieu. Quand l'esprit se fixe sur un objet et que nulle autre pensée ne surgit, vous méditez, vous pratiquez le dhyana, septième étape du Raja yoga.

Faites l'essai de certaines des techniques contenues dans ce chapitre. Aussitôt que l'esprit tente de se concentrer sur une chose, une autre pensée surgit, qui en appelle une autre et une autre encore, sans fin. Avant même de le savoir, vous avez oublié l'objet de votre méditation. Vous pouvez, par exemple, tenter de pratiquer la technique de contemplation ou tratak (voir page 206). Vous pouvez décider de fixer une chandelle. En la fixant, une pensée surgit à propos du romantique repas aux chandelles de la semaine dernière. Vous pensez

ensuite à ce que vous avez mangé. Vous vous demandez ce que vous allez manger ce soir. Et puis vous pensez à aller au supermarché et vous vous inquiétez déjà de trouver un espace de stationnement... votre esprit a bondi de la bougie à l'espace de stationnement en moins d'une minute!

Lorsque vous constatez que votre esprit vagabonde, ramenez-le doucement à la bougie. Le processus qui consiste à rappeler doucement l'esprit, c'est la concentration. Quand l'esprit reste fixé il y a méditation. Lorsque vous pouvez maintenir un état méditatif pendant un temps prolongé, vous pouvez atteindre samadhi, l'état de supraconscience. Le samadhi survient quand celui qui médite et l'objet de sa méditation ne font plus qu'un. La concentration demande un effort, pas la méditation : vous êtes là, tout simplement. En samadhi, il n'y a pas de soi, pas d'objet, tout est Un, paix et félicité.

La technique de contemplation aide l'esprit à se stabiliser.

pourquoi méditer?

La méditation nous aide à atteindre la connaissance. En attendant toutefois, on peut grandement bénéficier d'une pratique de méditation régulière. Elle réduit l'hypertension artérielle, améliore le système immunitaire et augmente la vitalité.

Au fur et à mesure que vous développerez votre équilibre mental et émotionnel et votre stabilité, vous vous sentirez plus fort et plus calme. Vous saurez mieux faire face aux situations difficiles et vous vous remettrez plus vite des bouleversements. Le stress émotionnel ne vous affectera pas autant. Vous penserez plus clairement, serez plus concentré, et votre mémoire sera meilleure.

En méditant régulièrement, vous serez plus satisfait de votre existence qui paraîtra avoir plus de sens. Vous aurez moins de mal à faire des choix et à suivre une voie d'action convenable avec le sentiment de contrôler votre existence.

La méditation est une technique de gestion du stress formidable, un antidote parfait au style de vie trépidant et stressant que nous connaissons aujourd'hui.

Créez un espace de méditation avec des objets pour apaiser ou élever votre esprit.

mettre au point une pratique

Le plus important, c'est de pratiquer régulièrement. Dans les *Yoga Soutras,* Patanjali déclare : « [La pratique] devient une assise ferme si cultivée proprement, pendant longtemps sans interruption.»

Nous avons désormais l'habitude d'obtenir des choses instantanément – nourriture, argent, activités sexuelles – pourquoi pas la connaissance? Malheureusement, ce n'est pas ainsi que les choses se passent. Patanjali ne dit pas combien de temps il faut, mais il dit qu'il faut longtemps. Oubliez le temps que vous avez consacré à la pratique.

Si vous voulez maximiser les bienfaits de la méditation, il importe de mettre au point une pratique régulière.

Contentez-vous de savoir que vous êtes sur la bonne voie et que tôt ou tard vous y arriverez.

En deuxième lieu, la pratique doit être ininterrompue, continue, régulière, jusqu'à ce qu'elle devienne plus importante que tout. Certains déclarent : «Je médite depuis des années et je n'ai pas l'impression d'aller quelque part.» Vous découvrez ensuite qu'ils ont peut-être médité depuis plusieurs années, mais que leur pratique n'avait rien

de réguler : tous les jours pendant une semaine, rien la suivante, deux jours la troisième semaine, et ainsi de suite.

En troisième lieu, la pratique demande que vous méditiez avec sérieux. Certaines personnes méditent régulièrement, mais elles se contentent de penser au film qu'elles ont vu à la télévision la veille, ou à leur future voiture. Accordez à la méditation toute votre attention, toute votre concentration, et croyez en ce que vous faites.

Les trois qualités nécessaires à la pratique de la méditation sont la patience, la persévérance et la foi.

Commencez lentement et bâtissez graduellement votre pratique. Commencez par cinq minutes de pranayama suivies de cinq minutes de méditation. Faites votre pratique régulièrement et augmentez lentement la durée. De la sorte, vous créerez une habitude et vous finirez par trouver plus facile de méditer que de rater votre pratique.

L'obstacle que l'on rencontre le plus fréquemment, c'est le jugement que l'on porte sur soi et sur sa pratique. Ne vous jugez pas. L'esprit a tendance à se rappeler les mauvais moments. Il n'existe pas de mauvaise méditation. La méditation n'est mauvaise que si vous ne la faites pas du tout. Par mauvaise, je ne veux pas dire que vous faites erreur ou que vous n'êtes pas gentil! La méditation améliore la qualité de la vie. Pour l'amour de la paix d'esprit, de la satisfaction et du contentement, méditez! Méditez, même quand votre esprit est très distrait! L'esprit est comme il est; ne jugez pas; acceptez ce qui est.

Vous ne devriez pas entretenir d'attentes.

Les attentes mènent à la déception. Rappelez-vous : il vous faut être patient. Essayez de penser à votre méditation comme autre chose qu'un moyen pour atteindre un but. Faites de la méditation une fin en soi. En d'autres termes, méditez pour le plaisir de méditer et non pour des résultats escomptés. La méditation prend du temps. Quand on chante, on ne chante pas pour en finir, mais parce qu'on a du plaisir à le faire.

pensées distrayantes

Au début, les pensées monteront en bouillonnant et distrairont l'esprit de son objet de méditation. Il existe plusieurs manières de remédier à la situation.

Ramenez l'esprit gentiment mais fermement, comme si vous entraîniez un enfant à faire quelque chose de nouveau. «Je sais que tu veux penser aux vacances d'été, pouvez-vous dire, mais en ce moment tu médites; tu penseras aux vacances plus tard.»

Essayez d'ignorer les pensées.

Regardez les pensées aller et venir, comme les nuages. Ne cédez pas; ne vous y arrêtez pas. Observez leur va-et-vient.

S'il s'agit d'une idée noire, essayez de la remplacer par une idée positive et puis revenez à l'objet de votre méditation.

Si une idée vous hante, concentrez-vous sur elle et analysez-la. «Le problème est-il réel?» «Puis-je y changer quoi que ce soit maintenant?» «Est-ce que je suis ces pensées?» «Si je comble ce désir, est-ce que la satisfaction va durer ?» «Va-t-elle m'apporter de la paix et de la joie en permanence?» «Y a-t-il quelque chose de plus important que mon objectif de paix et de joie?» Et puis revenez à l'objet de votre méditation.

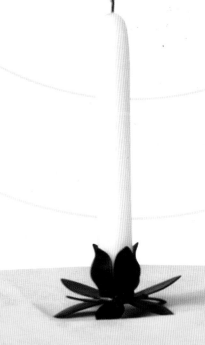

l'esprit

Où est l'esprit? Si l'on devait ouvrir votre cerveau, trouverions-nous un esprit? Non. L'esprit n'existe pas. Il est collection de pensées, que le yoga appelle «chitta». Une pensée unique est appelée «vritti».

Au chapitre 1 nous avons considéré le but du yoga :

'Yogas chitta vritti nirodha' («le yoga est l'arrêt du tourbillon des pensées»). Les *Yoga Soutras*, livre Un, Soutra 2.

En yoga, trois parties composent le chitta :

ahamkara: C'est l'ego, l'esprit fondamental. Il donne lieu au sens du «je», du «moi», du «mien».

budhi: C'est l'intellect, la faculté discriminatoire de l'esprit. Budhi est au-dessus du jugement. C'est la partie du mental qui identifie hors de toute émotion.

manas: Cette partie de l'esprit se rattache aux sens. Les manas interprètent les messages que les sens envoient au cerveau; c'est la partie désirante de l'esprit.

Patience, affection et fermeté, telles sont les qualités nécessaires pour élever un enfant et entraîner l'esprit.

La pratique de la méditation apaise et contrôle l'esprit, chitta. À cause de l'ahamkara, l'esprit croit qu'il est une entité réelle; les manas ajoutent à l'illusion. L'esprit ne doit son existence qu'à la génération de pensées; la méditation menace sa survie même. Il faut créer un environnement sans hostilité pour l'esprit. Ne vous impatientez pas; ne vous mettez pas en colère; traitez votre esprit comme un petit enfant : soyez ferme et aimant. Quand vous vous assoyez pour méditer laissez votre esprit vagabonder à son gré. Contentez-vous de l'observer sans juger, sans vous identifier à lui. Laissez l'esprit s'exprimer; laissez vos pensées s'ébattre. Et puis, commencez à apprivoiser votre esprit en lui présentant votre objet de méditation. Entre deux pensées, il n'y a rien; il y a le silence. Vous vous contentez d'augmenter cet espace de silence. Quand l'ahamkara se tait et s'éloigne, la peur liée à la survie s'éloigne aussi, les manas se calment. Préparez lentement votre esprit à faire face à la vérité : il n'existe pas, il n'a aucune réalité et il n'est pas le soi. Il faut procéder lentement, lentement, très lentement! D'abord, il faut réduire le nombre de pensées, pour ne laisser que la pensée de l'objet de méditation, et puis perdre même cet objet.

trucs pour méditer

- Parce qu'il faut de l'énergie pour méditer, il vaut mieux attendre deux heures pour méditer après un repas. Quand vous venez de manger, la digestion accapare votre énergie. De plus, comme votre corps est alourdi de nourriture, vous risquez de vous endormir.

- Si vous êtes un néophyte de la méditation, faites quelques asanas pour vous débarrasser des toxines et des tensions, et puis faites pranayama avant de méditer.

- Si vous avez choisi de méditer le matin, prenez une douche froide ou passez-vous le visage à l'eau froide pour réveiller votre corps et votre esprit et rester éveillé.

- Portez des vêtements confortables et suffisamment chauds, parce que votre corps se rafraîchira au fur et à mesure que vous vous détendrez. Posez un châle ou une couverture sur vos épaules; vous pourrez facilement le laisser tomber si vous avez chaud.

- Méditez dans une pièce bien aérée.

- Si possible, réservez une pièce pour votre pratique de yoga. Sinon, trouvez un coin ou un espace que vous pouvez utiliser régulièrement. Décorez votre espace de méditation avec des images inspirantes, des bougies, de l'encens, des objets sacrés, des fleurs ou des coquillages, bref, des objets qui vous rappellent votre objectif de méditation. Rappelez-vous : vous cherchez à contrôler vos sens, à les inspirer et à leur fournir de quoi les élever. Ainsi, les messages qu'ils envoient au cerveau généreront des pensées associées à la méditation. Quand vous pratiquez régulièrement dans une pièce, chaque fois vêtu de la même manière, la pièce développe des vibrations paisibles qui aident à calmer l'esprit. Si vous êtes bouleversé ou tendu, assoyez-vous dans votre pièce.

En plus de méditer toujours au même endroit, essayez de méditer chaque jour à la même heure. Deux séances quotidiennes de 15 à 20 minutes (commencez par des séances de cinq minutes et puis augmentez graduellement la durée) amorcent bien une pratique de méditation. Méditez le matin au lever et le soir, avant de vous coucher. Les petites heures du matin, Brahmamuhurta, entre 4 et 7 heures, conviennent bien à la méditation. À ce moment, avant le tourbillon de la journée, le prana est à son plus haut; l'atmosphère est très calme; l'air est net et les vibrations sont plus propices à la méditation.

Préparez-vous adéquatement en faisant le pranayama.

considérations pratiques

● Il peut s'avérer utile de programmer votre pratique, sadhana, de manière méthodique. Décidez de la durée de votre méditation la veille. Tenez compte du temps qu'il vous faudra pour vous laver et vous apprêter, et décidez d'une heure de lever. Faites une entente claire et ferme – sankalpa – avec vous-même. Pendant cette période de temps, accordez une priorité absolue à votre méditation. Soyez réaliste : si vous n'avez que cinq minutes à consacrer à votre méditation, c'est très bien. Tenez-vous-en aux cinq minutes. Ne méditez pas plus ou moins longtemps. Ajustez la durée le lendemain.

- Ne vous laissez pas angoisser ou distraire par les pensées qui vous viennent à l'esprit pendant votre méditation; ignorez-les. Vous avez l'intention de méditer. Si ces pensées veulent s'installer pendant un certain temps dans votre espace mental, laissez-les faire. Ne les forcez pas à s'en aller : vous vous en feriez des ennemies. Il serait bon que vous appreniez à laisser aller ces pensées.

- Affection et fermeté. Ne rendez pas votre esprit craintif. Après tout, il fait ce qu'il peut dans les circonstances. Dites-lui pourquoi vous avez décidé de méditer.

- Vous aurez parfois l'impression que votre esprit est plus troublé lorsque vous méditez qu'en toute autre circonstance. D'ordinaire cette impression survient lorsque le méditant n'a jamais été assez tranquille ou silencieux pour remarquer le parasitage de son poste de radio mental. Le parasitage a toujours existé; c'est vous! Profitez du film; regardez le spectacle mais ne vous attardez à aucune scène. Restez témoin. Servez-vous de votre objet de méditation pour vous ancrer.

- Faites du Karma yoga. Prenez soin des aspects de votre existence qui occasionnent les perturbations mentales. Mettez-vous au service des autres. Rappelez-vous : les dévoués jouissent de la paix suprême!

- Recherchez la compagnie régulière des sages – satsanga; cela vous aidera beaucoup.

- Lisez la vie des saints ou des vertueux qui se sont mis au service de l'humanité. Lisez des ouvrages spirituels qui inspireront votre esprit. L'esprit aime jouer avec les faits et les éléments d'information : donnez-lui une nourriture inspirante et aidante.

- Plus important : prenez-y plaisir!

techniques de méditation

En yoga, on ne donne pas de manière de méditer. Le seul critère pour faire d'une chose un objet de méditation est qu'elle élève l'esprit qui y prend plaisir. Essayez diverses techniques; découvrez celle qui vous convient le mieux et tenez-vous-y. Certains utilisent une technique pendant quelques mois et puis s'en lassent ou se découragent quand ils ne voient pas de lumières vives. Persévérez! La méditation est une science : vous obtiendrez des résultats si vous persistez et approfondissez sans cesse la méditation. Méditer, c'est comme creuser un puits : pas question d'arrêter pour creuser un autre trou avant d'avoir atteint l'eau! Continuez à creuser!

tratak (contemplation)

«Là où vont les yeux, l'esprit va aussi.» La concentration et la méditation sur une forme visuelle apaise et contrôle l'esprit. Cette technique aide à améliorer la vue et, par le nerf optique, stimule le cerveau.

Vous pouvez contempler un yantra, un symbole mystique de forme géométrique qui représente un aspect particulier du divin. On expérimente les yantras en méditation profonde et on les ramène à la conscience normale. Le yantra que vous voyez ici est celui du Yoga Integral® ; il représente le cosmos tout entier.

yantra®

Il existe plusieurs autres objets de tratak : la flamme d'une bougie, une fleur, un coucher de soleil, une photographie de nature, l'image d'un saint, d'un prophète, d'un gourou ou d'une incarnation du divin.

1

Assoyez-vous confortablement, dos droit, épaules détendues.

2

Méditez sans lunettes et sans lentilles cornéennes.

3

Placez votre objet au niveau des yeux, à environ un mètre de distance.

4

Contemplez doucement votre objet, ne forcez pas.

5

Contemplez le milieu de l'objet sans cligner des yeux.

6

Quand les yeux commencent à piquer ou à couler, fermez-les et, en pensée, continuez de visualiser votre objet.

7

Quand l'image s'efface, ouvrez les yeux et poursuivez la contemplation.

Répétez ce processus pendant le temps alloué pour votre méditation.

Après un certain temps de pratique du tratak, vous aurez plus de contrôle sur votre esprit, et vous remarquerez que vous n'avez plus besoin de votre objet pour méditer; vous le visualiserez parfaitement.

visualisation

Assis, les yeux fermés, visualisez une scène naturelle, un arbre, un lac ou une montagne, une étoile ou la lune. Visualisez un endroit où vous avez été particulièrement heureux ou en paix. Visualisez le plus de détails possible.

Ramenez sans cesse votre esprit à votre image visuelle.

mantra japa

Mantra signifie «qui stabilise l'esprit». Mantra Japa est la répétition d'un mantra (voir chapitre 4). Comme les yantras, les mantras ont été réalisés en méditation profonde. Un mantra est une structure sonore composée d'une syllabe ou plus, représentant un aspect particulier de la vibration divine. La répétition d'un mantra et la concentration de l'esprit sur lui peut favoriser l'apparition de cette vibration spirituelle. La répétition du mantra est l'une des manières les plus efficaces et les plus simples d'apaiser le corps et l'esprit, tout en équilibrant nos différents niveaux d'énergie (voir chapitre 5). Quand vous répétez le mantra vous vous réalignez avec la vibration de l'univers et vous alignez votre propre vibration avec un aspect de la vibration divine.

Les mantras du yoga sont d'ordinaire en sanskrit, dont on dit qu'elle est la langue parfaite parce que les sons utilisés pour former les mots créent la vibration de l'expérience de cette qualité. Si vous répétez «Om shanti» qui signifie paix, par exemple, vous expérimenterez une vibration paisible pendant que chacune des cellules de votre corps et de votre esprit connaîtra la paix.

Les gourous ou les enseignants peuvent vous initier aux mantras et trouver votre mantra personnel.

Vous pouvez répéter votre mantra chaque fois que vous en avez envie, peu importe l'endroit, pas seulement pendant votre séance de méditation. Répétez-le jusqu'à ce qu'il ait pris racine en vous. Quand cela se sera produit, votre corps, votre souffle, votre esprit et votre vie commenceront à développer le rythme et la vibration du mantra.

mantras à pratiquer :

hari om

Hari, facette de Dieu, élimine les obstacles.
Assis confortablement, yeux fermés, répétez
«hari om» à l'inspiration et «hari om» à l'expiration. Essayez diverses variations, en maintenant la synchronicité du mantra et du
souffle. Expérimentez jusqu'à ce que vous
découvriez ce qui vous convient le mieux.

HA – depuis le plexus solaire, déplace
l'énergie vers le haut.
RI – contracte la gorge en accentuant
la vigueur du mouvement de l'énergie
vers le haut.
O – ouvre la gorge et permet à
l'énergie de continuer à s'élever.
M – l'énergie vibre dans la tête.

om shanti

Om est la vibration sonore fondamentale de l'univers qui vibre dans chacune des cellules du corps. Shanti signifie paix. Mon gourou, Sri Swami Satchidananda, dit :

- Sur l'inspiration, répétez «Om» et visualisez l'énergie, sous forme de lumière blanche, qui descend la colonne vertébrale et en frappe la base.

- Sur l'expiration, répétez «shanti» et voyez l'énergie monter le long de la colonne vertébrale jusqu'au sommet de la tête.

- Si vous avez du mal à visualiser l'énergie, concentrez-vous sur le souffle au bout de votre nez tandis que vous répétez «Om» à l'inspiration et «shanti» à l'expiration.

- Avec le temps et la pratique, vous pourrez sentir la circulation du prana, une sensation de chaleur qui monte le long de la colonne vertébrale.

«Shanti (paix) est la nature de Dieu. En Shanti, je vois Dieu. Il n'a pas de forme; Il n'a pas d'autre nom. Il est paix. Il est sérénité. Dieu se sent. Dieu se vit au fond de soi... Quand vous êtes en paix, vous reposez en Dieu. Vous êtes avec Dieu.»

Méditation de Sri Swami Satchidananda,
Publications Yoga Intégral ®,
pages 11–12.

affirmation

Vous n'avez pas à vous servir des mots sanskrits, utilisez n'importe quels mots, pourvu qu'ils vous inspirent et vous élèvent : amour et paix, santé et bonheur, courage et force, paix et calme. Répétez un mot à l'inspiration et l'autre à l'expiration. Si vous préférez, n'utilisez qu'un seul mot.

Si vous faites partie d'une religion ou si vous faites une démarche spirituelle particulière, utilisez des mots qui font sens pour vous : Amen, Ameen Shalom, Bouddha, Bhagavan, Allah, Wakan-Tanka.

répéter votre mantra

Il existe trois manières de répéter un mantra ou une affirmation. Si vous commencez à méditer, si votre esprit est singulièrement distrait, répétez votre mantra à voix haute. Par exemple, répétez «hari om», à voix haute, lentement, d'un ton monocorde.

Lorsque votre esprit s'apaisera répétez votre mantra silencieusement, en faisant lle mouvement des lèvres, ce qui fournit à l'esprit quelque chose de concret sur quoi se concentrer et l'empêcher de vagabonder.

Avec le temps, répétez le mantra silencieusement. Avec la pratique vous pourrez entendre votre mantra sans le dire, auquel cas, écoutez la voix intérieure.

méditation sur le souffle

Mon collègue l'appelle la technique Martini parce qu'il est possible de l'utiliser n'importe où n'importe quand. La concentration sur le souffle favorise la conscience du moment présent. Elle convient parfaitement aux moments de stress ou de bouleversement; ou aux moments où il faut prendre du recul.

1

Assoyez-vous confortablement; sentez le sol sous votre corps. Assurez-vous qu'il ne reste pas de tension inutile dans les jambes. Détendez l'abdomen. Étirez la colonne vertébrale, soulevez la poitrine et détendez les épaules et le visage.

2

Respirez profondément, puis reprenez votre respiration usuelle.

3

Tout en respirant, observez le mouvement du corps.

4

Observez le son de la respiration.

5

Remarquez la durée de l'expiration par rapport à la durée de l'inspiration.

6

Pour finir, concentrez-vous sur votre souffle au bout du nez et remarquez l'air frais qui entre et l'air chaud qui sort.

ajapa-japa
(méditation sur le son du souffle)

On dit que le souffle produit un son naturel, en répétant le mantra «soham» (le «a» prononcé «o» - comme dans «hop»).

1

Préparez-vous comme précédemment et concentrez-vous sur votre souffle.

2

Mentalement, répétez «so» à l'inspiration et «ham» à l'expiration.

3

Avec la pratique, en écoutant attentivement, sans même répéter le mantra, vous entendrez «so» lorsque vous inspirerez et «ham» quand vous expirerez.

4

Avec le temps vous y décèlerez même un bourdonnement ou une intonation musicale. Concentrez-vous sur ce son. Vous êtes accordé au son de l'univers; vous vibrez à la même vibration cosmique ce qui vous apporte un sentiment de tranquillité, de paix et de félicité.

likhit japa
(méditation écrite)

Voici une autre technique très utile quand votre esprit est agité et que vous avez du mal à rester immobile. Écrivez votre mantra ou votre affirmation. Écrivez suivant un motif ou créez une image avec vos mots. Gardez votre esprit concentré sur les lettres et le mouvement de la main pendant que, mentalement, vous répétez chacun des mots. Après avoir fini d'écrire, restez assis un instant et remarquez le calme qui vous habite.

1

Marchez lentement, d'un pas égal.

2

À vos pas, commencez à mêler votre respiration.

3

Inspirez en déposant le pied droit; expirez en déposant le gauche.

4

Si vous en avez envie, ajoutez un mantra ou une affirmation, en donnant à la répétition le rythme de votre souffle et de vos pas.

méditation en marchant

Quand votre esprit est très agité et que vous avez du mal à rester assis sans bouger, faites une méditation en marchant. Lorsque vous marchez et coordonnez votre respiration avec votre mouvement, votre esprit et votre corps s'harmonisent, comme le font l'hémisphère droit et l'hémisphère gauche de votre cerveau. Vous marchez et pensez en harmonie. Après une méditation en marchant, vous aurez beaucoup plus de facilité à vous asseoir immobile et à méditer. Vous pouvez méditer en marchant en tout temps; pas besoin non plus de vous astreindre à un moment défini : vous pouvez méditer en allant à la poste ou au travail.

méditation de questionnement

- Il s'agit du processus de questionnement bien connu : «qui suis-je?»

- Passez tout votre corps en revue en demandant : «suis-je les bras?» «Non, j'ai des bras mais ce n'est pas ce que je suis. Qui suis-je?»

- Après la revue du corps, revoyez toutes les étiquettes dont vous vous affublez. «Qui suis-je?» «Je suis enseignant.» «Étais-tu enseignant quand tu étais enfant?» «Seras-tu enseignant quand tu te retireras?» «Non.» Revoyez tout ce que vous pensez être. «Je suis l'esprit.» «Non.» «Tu peux observer ton esprit, alors tu es quelque chose d'autre.» «Je suis les pensées.» «Non; tu peux voir les pensées aller et venir; tu peux changer tes pensées; tu es donc autre chose.»

- On appelle cette approche la neti-neti, «ni ceci ni cela». En répondant par la négative à tout ce que vous croyez être, vous pouvez constater que les choses sont sans permanence; qu'elles changent sans cesse et qu'elles sont donc irréelles. En niant les choses irréelles, vous finissez par trouver ce qui est réel, vrai et permanent. Vous en venez à réaliser que vous êtes plus qu'un corps et un esprit. Votre soi véritable, obtenu quand on enlève tout ce avec quoi vous vous identifiez faussement, est paix et félicité absolues.

8

régime
alimentaire
yogique

régime alimentaire yogique

Tous les éléments du yoga visent le bien-être physique et la paix d'esprit.
Le régime alimentaire du yoga, le régime sattvique, ne fait pas exception.
Tous les aliments qu'il contient rendront le corps léger, en forme, l'esprit
et les émotions paisibles et stables; ils amélioreront la clarté d'esprit et la
concentration. Les aliments frais, remplis de prana, notre force de vie
essentielle, se digèrent facilement et ne produisent pas de toxines.

Dans la philosophie du yoga, l'énergie possède trois attributs appelés gunas : sattva (la pureté); rajas (l'activité) et tamas (l'inertie). Dans l'univers non manifeste ces trois qualités se trouvent en équilibre parfait. Dans l'univers manifeste toute chose est faite de ces trois gunas qui affectent toute chose, y compris notre corps, nos pensées, nos émotions et nos actions. Cependant, l'un des trois y prédomine toujours. La seule manière d'échapper aux effets des trois gunas est de contrôler l'esprit et de transcender le moi inférieur. La nourriture que nous absorbons sera sattvique, rajasique ou tamasique et agira aussi sur notre corps, notre esprit et nos émotions. Nous sommes ce que nous mangeons.

quoi manger

Le régime alimentaire sattvique inclut des fruits et légumes frais, des céréales et pains de blé entier, des légumes secs et des légumineuses, des graines germées, du miel, du lait, des noix et des graines. Les aliments ne devraient être ni trop chauds ni trop froids, ni trop cuits ni pas assez, ni trop mûrs ni pas assez, car leur attribut sattvique deviendrait rajasique ou tamasique et agirait négativement sur le corps et l'esprit.

Le régime alimentaire rajasique stimule les passions et cause l'agitation et l'énervement de l'esprit; il occasionne raideurs et douleurs dans le corps en raison des toxines qu'il contient et qui peuvent conduire à la maladie. Ce type de régime alimentaire ne favorise pas l'harmonie. Il consiste en aliments épicés, salés, sûrs, acides et pas assez mûrs. Il contient aussi le café, le thé, le chocolat, le sucre, le poisson, les œufs et l'ail.

Le régime alimentaire tamasique cause la lourdeur et l'inertie du corps et de l'esprit, occasionne le manque de créativité et de motivation. Il agit négativement sur les émotions et diminue les défenses immunitaires. Il est fait d'aliments réduits, rassis, trop mûrs, trop cuits, fermentés, trop transformés, raffinés. Il comprend viande, oignons, fromages moisis, alcool, tabac, et le fast-food.

Le régime yogique favorise le végétarisme parce que le corps humain n'est pas vraiment fait pour consommer de la viande. Notre système digestif ne ressemble pas à celui des animaux carnivores : nos intestins sont beaucoup trop longs pour que la viande traverse l'appareil digestif avant la putréfaction.

Avec le régime alimentaire végétarien sattvique, les aliments peuvent passer dans le système digestif et être éliminés en 24 heures – alors que la viande rouge met de trois à sept jours pour le faire. La viande contient 12 fois plus de pesticides que les légumes, peu de fibres, et du cholestérol, ce qui épaissit les artères et peut finir par causer de l'athérosclérose, de l'hypertension artérielle, des AVC et des crises cardiaques.

La recherche démontre qu'un mauvais régime alimentaire, un régime déséquilibré et l'abus de matières grasses peuvent, plus que toute autre chose, affecter votre santé. La recherche menée par le docteur Dean Ornish a démontré que les postures de yoga, la détente, les exercices de respiration, la méditation et le régime alimentaire végétarien sattvique pouvaient guérir la maladie cardiaque (voir en bibliographie).

En plus des raisons de nature physiologique qui motivent le végétarisme, le yogi pratique la non-violence – ahimsa (voir chapitre 9), ce qui signifie qu'il cherche à éviter la violence et la souffrance causées aux animaux qui seraient élevés et tués pour leur viande. Pourriez-vous apporter un agneau chez vous, et puis le tuer et le manger? Certains soutiennent que nous tuons des organismes vivants quand nous mangeons des fruits et des légumes. La plante, cependant, ne sait pas qu'elle est tuée. Le niveau de conscience de la plante est inférieur à celui de la vache. L'animal sait qu'il sera mis à mort. Son corps réagit à la menace. Comme il panique son système se met à produire beaucoup d'adrénaline : nous mangeons alors de la peur et de l'angoisse.

Vous n'avez pas à changer votre alimentation du jour au lendemain. Vous pouvez faire graduellement des choix sains.

Faites des choix santé : mangez des aliments biologiques.

Si vous mangez de la viande, évitez la viande rouge et les viandes traitées comme les saucisses et les hamburgers. Mangez bio, des viandes provenant d'animaux élevés en plein air, naturellement : volaille, poisson et œufs. Au moins ces animaux auront-ils eu une vie plus heureuse pendant qu'on les engraissait. Si vous mangez des produits carnés, soyez reconnaissant envers l'animal qui a donné sa vie. Le yogi devrait prier pour que l'âme de l'animal, en raison de son sacrifice, ait droit à la liberté et à la paix éternelles.

comment manger

La manière de manger importe autant que les aliments choisis. Elle peut agir sur la qualité des aliments sattviques. Pour bien digérer, mangez dans un environnement calme. Si possible, prenez votre repas ou une partie de votre repas en silence. Si vous êtes bouleversé, furieux, il vaut mieux attendre de vous calmer parce la digestion serait laborieuse et que les aliments séjourneraient plus longtemps dans l'estomac.

Si vous êtes en colère pendant la préparation des aliments, la vibration – l'énergie – de vos pensées agira sur la vibration des aliments, qui agiront à leur tour sur vous au moment de la consommation. Le yogi psalmodiera des mantras pacifiques en préparant la nourriture et s'assurera que son environnement est calme, paisible. Vous n'avez pas besoin d'en faire autant, mais essayez de rester calme et de prendre plaisir à la préparation des aliments.

Mâchez bien vos aliments. Utilisez toutes vos dents. La digestion commence dans la bouche, là où la salive commence à décomposer la nourriture, ce qui facilite le travail de l'estomac. Ne remplissez pas votre bouche et n'avalez pas de grosses bouchées.

Mangez lentement. Au lieu d'engouffrer un sandwich pour arriver à l'heure à votre rendez-vous, mangez plus tard. Vous digérerez mieux et en tirerez de meilleurs avantages. Lorsque vous mangez lentement, vous entendrez votre vorps vous dire qu'il a assez mangé. Les personnes qui mangent vite mangent plus et sont moins satisfaites. Manger vite tient du guna rajas.

Mangez avec modération. Trop manger tient du tamas et vous laisse avec une impression de ballonnement et de fatigue. Manger trop peut aussi causer la maladie.

Si vous avez un système digetif sensible,

Un régime sattvique préserve la paix d'esprit.

vous constaterez peut-être qu'il n'est pas bon de manger à la fois des aliments crus et des aliments cuits. Le mélange de protéines et d'hydrates de carbone peut également en imposer à votre système digestif.

Essayez de ne pas boire en mangeant, parce que les sucs digestifs s'en trouveraient dilués. Buvez avant ou après manger. Durant la journée, assurez-vous toutefois de boire beaucoup d'eau, qui favorise l'élimination des toxines, prévient la constipation et réduit le risque de cancer du côlon, de la vessie et du sein. Saviez-vous qu'une déshydratation même légère ralentit le métabolisme de quelque 30 pourcent? Le manque d'eau peut occasionner la somnolence diurne. En buvant de 8 à 10 verres d'eau par jour, il est possible de réduire les douleurs dorsales et articulaires. Les jus de fruits, le thé, le café, les boissons gazeuses ne produisent pas le même effet que l'eau. En plus d'ajouter des toxines à l'alimentation, certains breuvages peuvent même vous déshydrater. La planète est composée d'eau à 70 pourcent, tout comme les humains.

Mangez avant 20 heures, si possible. Le corps a des cycles; il lui faut du temps pour digérer, assimiler et éliminer. SI vous mangez constamment ou si vous mangez tard, le corps n'a pas le temps de traiter efficacement la nourriture. Il faut plus d'énergie pour digérer que pour toute autre fonction corporelle. Si vous allez au lit l'estomac plein, vous devrez vous tourner et vous retourner pour aider votre digestion. Et le manque de sommeil ne permet pas au corps de se régénérer comme il se doit.

Concentrez-vous sur ce que vous faites, les saveurs, les textures, les odeurs. Réfléchissez à l'origine des aliments. Ayez de la reconnaissance pour les aliments qui nourrissent votre corps et votre esprit. Rappelez-vous : vous devenez ce que vous pensez!

jeûner

Parce qu'il contribue au repos du système digestif, le jeûne est une importante méthode de guérison. Dans des conditions idéales – alimentation sattvique – la digestion utilise de 15 à 30 pourcent de l'énergie corporelle. Dans des conditions anormales – alimentation tamasique –, la digestion utilise de 90 à 95 pourcent de l'énergie. Alors qu'un «gros» repas nous fatigue, le repas sattvique nous laisse frais et dispos. Notre énergie et notre concentration sont à leur maximum lorsque nous ne mangeons pas.

Le jeune favorise la purification du corps; il permet de contrôler nos sens et apaise notre esprit. Quand le corps ne reçoit pas de nourriture, il utilise ses réserves, recycle et élimine toxines et gras. Le jeûne n'affame pas le corps et ne vise pas l'amaigrissement. Le jeûne prévient la maladie; il peut contribuer à l'élimination des symptômes des maladies qui résultent de l'accumulation des toxines comme le rhumatisme, l'arthrite, la goutte, le diabète, les maladies du foie et du rein, l'asthme et la migraine. Le jeûne est aussi bon pour les personnes affectées par des problèmes de thyroïde. Le repos favorise le métabolisme. Le jeûne, précisons-le, est un complément thérapeutique, et non une alternative aux traitements traditionnels.

Passé 14 ans, tout individu peut jeûner. Les enfants ne devraient pas le faire parce

Le jeûne favorise la purification du corps, apporte force et vitalité.

qu'ils grandissent et que leur métabolisme est plus rapide. Quand les enfants et les adultes sont malades, cependant, il est bon qu'ils jeûnent. Nous guérissons beaucoup plus vite avec de l'eau, des attentions et de l'amour en quantité. Ne faites pas manger les malades; il vaut mieux laisser le corps utiliser sa propre énergie pour guérir plutôt que pour digérer des aliments.

Le jeûne donnera au corps une impression de confort et de légèreté. L'esprit, lui, sera alerte et la concentration s'améliorera. Le souffle et la transpiration s'adouciront.

types de jeûnes

La meilleure manière, la plus simple, de laver le corps des toxines reste l'eau, mais elle est peut-être trop drastique si vous n'en avez pas l'habitude.

Les jus de fruits procurent à l'organisme quelque chose d'un peu plus substantiel. Assurez-vous de prendre des jus de fruits frais, de préférence biologiques. N'introduisez rien d'artificiel dans votre système pour tenter de le nettoyer! N'avalez pas tout un litre de jus à la fois. Mâchez le jus pour le décomposer dans la bouche avant de l'avaler.

Procurez-vous un extracteur à jus pour faire vos jus de légumes biologiques.

Si vous devez travailler, un régime alimentaire de fruits est une bonne manière de jeûner. Essayez de vous en tenir à un seul fruit à la fois pour faciliter le travail de digestion et tirer le maximum des propriétés nettoyantes du fruit. Les melons et les raisins sont particulièrement nettoyants; les ananas ont des enzymes merveilleux, qui conviennent bien au nettoyage du système digestif.

Si un jeûne d'une journée vous semble trop lourd, commencez par une demi-journée. Prenez un repas léger le soir et rien d'autre avant d'aller vous coucher – sauf de l'eau. Le matin, ne buvez que des tisanes ou de l'eau et puis prenez un repas léger : fruit et yogourt, ou légumes vapeur, ou bouillon de légumes léger. Votre système digestif se reposera et votre corps aura l'occasion d'évacuer une partie des toxines accumulées.

Les jeûnes au jus de fruits et de légumes sont une bonne façon d'éliminer les toxines.

se préparer à jeûner

- Il est bon de jeûner un jour par semaine. Si possible, prenez toujours la même journée, de préférence une journée durant laquelle vous pouvez vous reposer et prendre soin de vous. Regardez votre film préféré. Lisez un livre que vous vouliez lire depuis longtemps. Faites une promenade. Écoutez de la musique de détente.

- Prenez un bain, mais ne bouchez pas vos pores avec des huiles ou des crèmes. Il vaut mieux brosser la peau avec une serviette rugueuse ou une brosse douce pour débarrasser la peau des cellules mortes, nettoyer les pores et favoriser l'évacuation des toxines.

- N'utilisez pas de désodorisant – pour ne pas boucher les pores. Allez-y : transpirez ces toxines! Tenez vos amis à distance ce jour-là!

- Préparez-vous au jeûne mentalement et physiquement. Inscrivez le jour à votre agenda et donnez-vous le temps de vous faire à l'idée.

- Prenez garde de vous empiffrer la veille, ce qui ferait travailler davantage votre système digestif et nuirait aux bienfaits du jeûne. En fait, vous ne jeûneriez pas : vous vous remettriez simplement des excès de la veille. Pour votre dernier repas, mangez légèrement.

- Si vous devez prendre soin des membres de votre famille, préparez leurs repas la veille pour ne pas avoir à passer trop de temps à proximité des aliments. Il n'y a pas de raison de jeûner physiquement, si vous mangez toute la journée en pensée!

- Buvez beaucoup d'eau, ce qui favorise l'élimination des toxines et peut empêcher les étourdissements. Une cuillerée à table de miel peut éliminer l'impression d'être défoncé.

Lorsque vous jeûnez prenez soin de vous.

- Certaines postures faciles de yoga, la relaxation profonde et des exercices de respiration augmenteront votre énergie et favoriseront le processus d'élimination.

- Portez des fibres naturelles qui absorbent la transpiration et les toxines. Si vous portez des vêtements de fibres artificielles, ils ne permettront pas à la peau de respirer; les toxines pourront être réabsorbées par la peau. Débarrassez-vous des peaux de léopard, des léotards de lycra et portez des vêtements de coton amples.

effets secondaires

- Vous pourrez avoir des flatulences et gargouillements.
- L'urine et la sueur auront une mauvaise odeur en raison des toxines éliminées.
- Vous aurez au début l'impression que quelque chose enrobe votre langue et vos dents; vous aurez peut-être mauvaise haleine. C'est bon signe! Le matin, grattez doucement la langue avec le dos d'une cuiller à thé ou un grattoir à langue. Vous serez étonné de ce que vous verrez. La langue libère des toxines qu'autrement vous ravalez.
- Certains ont mal à la tête ou la nausée. Pour éliminer ces sensations, vous pouvez boire de l'eau et faire des respirations profondes.
- Vous pourrez vous sentir fatigué ou déprimé; reposez-vous. Faites une relaxation profonde.
- Vous pourrez être étourdi.
- Vous pourrez avoir froid. Gardez le corps et les pieds au chaud.

finir le jeûne

Cette étape est plus importante encore que le jeûne lui-même. Vous aurez perdu votre temps si vous vous précipitez sur un hamburger et des frites aussitôt le jeûne fini. Vous pourriez défaire tout le bien que vous venez de faire.

- Préparez-vous à l'avance. Prévoyez ce que vous allez manger et boire; ayez-le sous la main avant même de jeûner.

- Si vous jeûnez pendant une journée, prenez toute une journée pour revenir à la normale. Si vous jeûnez deux jours, prenez deux jours.

- Mettez fin au jeûne avec quelque chose de très léger, facile à digérer. Si vous jeûniez à l'eau, prenez du jus de fruit pour commencer. Buvez lentement; mâchez le jus; ne l'avalez pas. Si vous jeûniez au jus de fruits, prenez un bouillon de légumes. Augmentez graduellement les quantités et les combinaisons.

- Mettez fin à un jeûne à l'eau avec une tisane au petit-déjeuner, un jus de fruit en avant-midi, une pomme au déjeuner; une banane l'après-midi et un potage de légumes au souper.

- Il ne sert à rien de jeûner si vous en êtes malheureux. Jeûner pendant une demi-journée reposera le système digestif et assurera l'efficacité de l'assimilation et de l'élimination.

pour finir

N'essayez pas de changer votre alimentation du jour au lendemain. Vos inquiétudes à propos de la nourriture vous causeront probablement plus de tort que la nourriture elle-même. Allez-y graduellement. Une fois que vous aurez commencé à profiter des bienfaits de votre pratique yogique, sur les plans physique, mental et émotionnel, vous souhaiterez diminuer votre consommation de tabac, d'alcool et de viande. Avec le temps, vos habitudes changeront tout naturellement sans que vous ayez à vous en faire à ce propos. Songez à tous les bienfaits que vous tirerez d'une alimentation saine et équilibrée. Apprenez doucement à manger les bonnes choses en bonne quantité au bon moment. Rappelez-vous : tout ce que vous faites, faites-le dans la joie et le plaisir.

9

yoga tout le jour, chaque jour

yoga tout le jour, chaque jour

La pratique régulière du yoga vous permettra bientôt de connaître les bienfaits de la santé et le sentiment du calme intérieur et de la paix. Ces sentiments se prolongeront après votre séance, mais pendant combien de temps?

Qu'arrive-t-il de votre paix et de votre calme quand arrive la facture du téléphone? Combien de temps dure votre paix lorsque les enfants se chamaillent et refusent d'aller au lit? Arriverez-vous à rester en paix si vos parents persistent à croire qu'ils savent ce qui vaut mieux pour vous? Garderez-vous le sourire quand votre conjoint se défilera encore une fois pour vous laisser toute la lessive? Resterez-vous satisfait si votre collègue hérite de la promotion que vous attendiez? Pourrez-vous accepter que votre patron dépose sur votre bureau une pile de travaux urgents à 15 heures 30 un vendredi après-midi?

Voici l'histoire d'un yogi qui pratiquait depuis des années et que l'on considérait comme un sage. Il maîtrisait toutes les techniques, avait appris à contrôler ses émotions et son esprit mais sentait qu'il n'avait pas suffisamment fait face à la colère. «Enfermez-moi dans cette grotte», avait-il demandé aux villageois, «ne me

Pouvez-vous rester calme sous pression?

laissez pas sortir et ne laissez personne entrer avant que je vous le dise.» Le sage yogi avait décidé de s'enfermer loin du monde jusqu'à ce qu'il parvienne à contrôler sa colère. Les jours, les semaines et les mois passèrent jusqu'à ce qu'un jour arrive l'ordre de dégager l'entrée de la grotte. Tous les villageois se rassemblèrent pour accueillir le Maître. «Avez-vous maîtrisé votre colère?» demandèrent-ils. Le Maître répondit fièrement qu'il avait réussi. «En êtes-vous certain?» insista un petit garçon. «Oui.» «Êtes-vous vraiment, vraiment certain que vous ne vous mettez plus jamais en colère?» «Oui» «Vraiment, vraiment certain?» «OUIIIII» hurla le soi-disant Maître!

Pour être heureux et développer votre spiritualité, vous devez pouvoir faire face au monde et aux personnes qui l'habitent. Dans ce dernier chapitre, nous considérerons des outils tout simples pour affronter les hauts et les bas de l'existence au quotidien. Le yoga vous munit d'un coffre d'outils rempli de techniques et de principes philosophiques et psychologiques pour garder l'esprit et les émotions sous contrôle peu importent les circonstances. Familiarisez-vous avec tous les outils, pour utiliser celui qu'il vous faut au bon moment.

Apprenez à vous adapter à toute situation.

yama et niyama

Au chapitre 3 nous avons vu le Raja yoga. Yama et niyama sont les deux premiers degrés d'une voie qui en contient huit pour atteindre l'état de supra-conscience du samadhi. Nous allons maintenant considérer ces principes moraux et éthiques dans le détail.

yama (restrictions)

ahimsa (non-violence)

Il ne s'agit pas seulement de ne pas tuer; mais de ne pas faire de mal à qui que ce soit, à quoi que ce soit par la pensée, la parole ou les gestes. «Facile» pourrez-vous dire, «je ne me promène pas en blessant mes semblables et je suis bon envers les animaux.» Êtez-vous gentil avec les plantes? Vous arrive-t-il de claquer portes et tiroirs? Apprenez à vous déplacer en douceur, avec délicatesse. En premier lieu, créez une vibration de non-violence au niveau physique.

Et maintenant, qu'en est-il de vos paroles? Émotionnellement, un mot cruel peut causer autant de souffrance qu'un coup. Dans la *Bhagavad Gita*, un classique de la spiritualité, il est dit que les paroles devraient être vraies, non violentes, bénéfiques et agréables. Quand vous parlez, créez une vibration de non-violence.

Vos paroles, vos gestes sont peut-être sans violence, mais qu'en est-il de vos pensées ? Comme vos paroles et vos actes, elles sont énergie, sous une forme plus subtile. Elles affectent chacune des cellules de votre organisme et contribuent à votre

Cultivez des pensées positives, divines.

humeur. Si vous laissez libre cours à des pensées négatives à propos de quelqu'un, vous ne lui faites pas de mal, mais vous vous faites du mal physiquement, émotionnellement, mentalement. Vous créez une énergie négative qui attire davantage d'énergie négative et vous vous demandez pourquoi vous êtes déprimé. Pour progresser et laisser les expériences douloureuses derrière soi, il faut, certes, apprendre à pardonner, et, plus difficile encore, il faut apprendre à oublier. Lorsque nous revivons des expériences douloureuses en pensée, nous les revivons aussi physiquement et émotionnellement.

Vous pouvez remplacer ahimsa par amour. Apprenez à aimer chaque être, chaque chose sans conditions. Ne tenez pas compte de votre intérêt et ne vous souciez pas de ce que les autres vous ont fait ou ne vous ont pas fait. Ne donnez pas selon ce que l'on vous a donné : il ne s'agirait pas d'amour mais de commerce ! Ce type de relation apporte toujours malheur, insatisfaction et mécontentement. Apprenez à aimer et à donner sans conditions, sans attendre en retour. Si vous entretenez des attentes égoïstes, vous serez déçu. Votre bonheur dépend de vous, de personne d'autre.

satya (vérité)

Encore une fois, en pensée, en parole et en action. Si vous dites toujours la vérité, viendra un temps où ce que vous direz deviendra vérité. Les pensées, les paroles, les gestes, les objets sont tous énergie. La vérité ou l'honnêteté pure est un aspect de la vibration divine. En pratiquant cette qualité, en lui obéissant, vous manifestez cette qualité et vous l'attirez. En satya la crainte disparaît. Plus rien ni personne ne peut vous faire peur. Il n'y a rien à cacher ou à éviter : vous êtes ouvert et en paix. L'esprit est clair et calme et reflète le vrai soi.

En satya, il n'y a pas de mensonges pieux. Si la vérité devait faire du mal ou causer des problèmes, taisez-vous. Si votre mère vous montre sa nouvelle robe que vous trouvez laide, qu'allez-vous dire? «Maman, je ne voudrais pas qu'on me voie, même morte, dans cette horreur!» serait peut-être vrai, mais vous lui feriez de la peine. «Maman, elle est extraordinaire; elle devrait t'aller à ravir!» serait mentir. Alors, que faire? Réfléchissez avant d'ouvrir la bouche : le sage parle peu! Rappelez-vous : vous devez dire la vérité et ne pas faire de mal, être gentil et agréable. Vous aimez peut-être la couleur de la robe ou son style;

Soyez vrai.

vous pouvez en parler. «Je ne la trouve pas aussi jolie que la robe noire que tu portais la semaine dernière.», pouvez-vous dire. Ce qui blesse l'un ne blessera pas nécessairement l'autre. Si vous pratiquez la vérité et la non-violence, vous remarquerez que vous dites la vérité avec amour et compassion. Un peu de miel aide parfois à faire passer le médicament.

asteya (abstention de voler)

Nous savons tous qu'il est mal de voler. Cette règle morale se trouve dans toutes les religions, dans toutes les voies spirituelles. Il n'est cependant pas seulement question ici du vol d'objets. D'une manière ou d'une autre, nous sommes tous voleurs. Pensez-y. Nous volons la nature chaque jour. Chaque jour, nous recevons des choses. Et que donnons-nous en retour? Une caresse est un cadeau; tout comme le sourire d'un enfant ou un mot gentil. Pas besoin de faire une caresse en retour, mais vous pourriez nettoyer la salle de bain chez votre mère ou aider un vieillard à traverser la rue. Il est bien des manières de rendre à la nature.

Nous volons du temps à notre patron qui nous paie pour travailler pendant sept heures alors que nous bavardons pendant une demi-heure au téléphone. Nous lui volons son temps et son argent. Vous avez déjà pris des stylos bille au travail? Avez-vous déjà utilisé le parfum d'une amie sans le lui demander? Nous volons constamment l'usage des choses, alors que nos besoins sont déjà comblés. Les pays riches volent les pays pauvres. Combien faut-il jeter de nourriture pour garder les prix compétitifs alors que des gens meurent de faim? Un vieil

ordinateur dort-il dans votre grenier? On pourrait dire que vous volez l'utilisation de cet ordinateur à quelqu'un qui en aurait besoin et n'aurait pas les moyens d'en avoir. Considérez votre vie. Pratiquez-vous l'asteya?

Demandons-nous à la Nature la permission de manger ses plantes et ses animaux, de respirer son air? Cela ne signifie pas qu'il faille mourir de faim ou arrêter de respirer au nom de la croissance spirituelle. Nous devrions cependant respecter Mère Nature et utiliser tout ce qu'elle nous offre pour servir les autres. Elle donne tout ce qu'elle possède sans compter. Pour vivre dans l'harmonie nous devrions apprendre à cultiver la même attitude altruiste. La vache produit-elle son lait pour le boire en entier? Le pommier donne-t-il des fruits pour son bénéfice propre? Ne conservez pas tous les fruits de votre travail, mais apprenez à donner quelque chose en retour. Le yogi remercie Mère Nature chaque fois qu'il mange ou reçoit quelque chose. «Merci pour la nourriture que tu m'offres. Qu'elle me donne la santé et la force d'être un bon parent.» «Merci pour l'augmentation de salaire. Je souhaite utiliser l'argent pour le bénéfice de ma famille.»

L'avidité fait de nous des voleurs. Nous recevons argent, possessions, amour et nous cherchons à les cacher ou à nous y accrocher par crainte de les perdre. Perpétuellement insatisfaits de ce que nous avons, nous cherchons toujours à obtenir davantage. La Nature est en perpétuel changement : les choses vont et viennent. Quand on tente d'arrêter le courant d'une rivière, la pression s'accumule jusqu'à l'éclatement. Quand rien n'entrave son courant, la rivière coule en torrent. Quand vous pratiquez l'altruisme et permettez aux choses d'aller et venir à leur gré, elles ont tendance à s'installer et à attirer d'autres choses encore. Que l'angoisse et la peur de perdre ce que la Nature vous a donné ne troublent pas votre paix d'esprit. Vous ne faites qu'emprunter les choses. Tôt ou tard, il vous faudra quitter ce corps et toutes vos possessions. Apprenez à être heureux de ce que vous avez au moment présent. Ne vous souciez pas du passé ou de l'avenir : vous rateriez le présent. «Nous l'appelons présent parce que c'est un cadeau», ai-je entendu. Profitez du cadeau de la vie maintenant : ne le ratez pas!

aparigraha (non-possessivité)

Parce que l'avidité et l'accumulation d'argent constituent un vol en quelque sorte, la non-possessivité est la suite logique de l'abstention de voler. Certains traduisent aparigraha par «n'accepte pas de cadeaux». Mais tous les yamas et les niyamas visent à nous rendre satisfaits, heureux et en paix. Lorsque nous acceptons des cadeaux, nous nous trouvons souvent endettés, forcés de donner ou de faire quelque chose en retour, même si ce qui nous est demandé ne fait pas partie de ce que nous ferions ou donnerions de coutume. Parfois, le motif du don n'est que d'obtenir quelque chose en retour; il ne s'agit pas d'un don et cela conduira à l'agitation.

brahmacharya (modération)

Brahmacharya signifie «porter son attention sur Brahman, l'Absolu». Comme nous l'avons vu dans le chapitre sur la méditation, pour atteindre l'état de supra-conscience, il faut d'abord contrôler les sens et puis l'esprit. Le yoga cherche à trouver la «voie du milieu» de la modération. Appliquer de la modération, c'est apprendre à contrôler ses sens. La *Bhagavad Gita* dit :

Modération... en tout!

«Il est impossible de pratiquer le yoga efficacement si vous mangez trop ou trop peu. Si vous appliquez de la modération en mangeant, en jouant, dans vos heures de sommeil, dans vos heures d'éveil, si vous évitez les extrêmes dans tout ce que vous faites, vous constaterez que ces pratiques yogiques éliminent toutes vos douleurs, toutes vos souffrances.»

The Living Gita, Integral Yoga® Publications, 1988 pages 89–90.

Brahmacharya signifie aussi célibat ou, du moins, modération dans les activités sexuelles, sujet toujours controversé dans notre société permissive. Le yoga nous fournit un coffre rempli d'outils dont nous pouvons disposer à notre guise. Quels outils vous faut-il pour préserver votre paix? Utilisez ceux qui fonctionnent pour vous et laissez les autres dans le coffre. Cependant, si vous deviez suivre une voie spirituelle stricte, on vous demanderait de respecter le célibat pour préserver l'énergie et la destiner à des objectifs spirituels plus élevés. Lorsque vous préservez l'énergie sexuelle, votre corps et votre esprit en tirent force et vigueur. Il est possible que le célibat ne vous convienne pas, mais je vous recommanderais la pratique de la modération. Peu importe leur nature, les excès vous privent de vos réserves d'énergie (voir chapitre 6). L'excès d'activités sexuelles peut entraîner la faiblesse du système nerveux. Pour votre santé et votre bien-être, il vous faut un système nerveux sain.

De nos jours, bien des gens ont l'habitude de consommer autant qu'ils le peuvent, qu'il s'agisse d'alcool, de drogues, de chocolat, de nourriture ou d'activités sexuelles. Pourquoi?

Dans le monde animal, il y a toujours eu des comportements permissifs risqués.

Au fur et à mesure que notre survie est facilitée, nos instincts animaux cherchent d'autres manières de faire la démonstration de leur force et de leur virilité.

Les comportements à risque prouvent notre force et, conséquemment, notre capacité de survivre et d'assurer la continuité de l'espèce. Le leadership du chef de meute peut être défié. Le mâle dominant gagnera les faveurs d'une femelle.

La consommation de grandes quantités de drogue et d'alcool ne serait-elle qu'une autre manière de montrer notre force pour nous attirer des faveurs sexuelles?

Les comportements excessifs nous rendent-ils vraiment heureux? Le lundi matin sautons-nous du lit en pleine forme, plein de vitalité et d'énergie, prêt à faire face aux défis de la semaine? Nos actes entraînent toujours des conséquences. Durant la vingtaine ou la trentaine le corps, l'esprit et les émotions peuvent peut-être encaisser ces excès, mais vient un temps où les comportements excessifs nous rattrapent. Épargnez-vous souffrances et douleurs en appliquant dès à présent un peu de modération; vous profiterez d'un corps en forme, d'un esprit apaisé et mènerez une vie satisfaisante et utile.

Si vous cédez aux excès, demandez-vous pourquoi. Vous engourdissez-vous pour éviter des situations douloureuses sur lesquelles vous n'avez pas prise? Si c'est le cas, si vous voulez changer de vie, commencez tout de suite. Acceptez d'abord ce qui vous arrive. Les épreuves sont des bénédictions qui nous enseignent de grandes leçons. Elles font de nous des êtres plus compatissants, plus aptes à aider les autres. Faites face à l'adversité; ne la fuyez pas : elle vous suivrait où que vous vous cachiez, même au fond d'une bouteille de whisky. Commencez à mettre en pratique certains des enseignements de ce livre. Peu à peu, apprenez à nettoyer le corps et à apaiser l'esprit. Un jour nouveau, plus clair, se lèvera pour vous. Tout passe, comme les nuages qui cachent le soleil.

niyama
(recommandations)

saucha (pureté)

Vient un temps où l'attention de ceux qui cherchent la voie spirituelle délaisse le corps physique et se tourne vers Dieu. Ils passent moins de temps à s'occuper de leur corps, moins de temps à chercher les plaisirs du corps et l'union à l'autre.

Il est possible que cela ne s'applique pas à nous, mais il est un niveau où la pratique du saucha peut améliorer la qualité de vie. La purification du corps par le biais des postures du Hatha-yoga, les exercices de respiration et le régime alimentaire yogique élimineront les tensions et les douleurs et contribueront à la prévention de maladies graves. La purification de l'esprit par ces techniques et la pratique de la méditation contribuent à une attitude plus positive devant la vie. Lorsque nous sommes purs rien ne nous révulse plus. La purification réelle permet de tout voir dans sa pureté. Si nous nous concentrons sur la pureté, la pureté vient à nous. Apprenez à voir le bon en l'autre. Vous voyez ce qui est mauvais en lui parce que vous avez l'œil pour voir le mauvais. L'esprit fonctionne ainsi. Le saint ne voit

Une pièce en ordre favorise le développement de la pureté.

que ce qui est pur et bon; il accepte et aime tout le monde sans conditions. La pratique du yoga vous apportera la pureté du corps et de l'esprit. Faites le ménage : une pièce désordonnée reflète l'esprit désordonné.

samtosha (satisfaction)

La satisfaction est l'un des plus beaux cadeaux, l'une des plus grandes bénédictions qui soient. Quand vous êtes satisfait, il n'existe plus ni amour ni haine. Il n'y a rien à gagner, rien à perdre. La satisfaction nous fait connaître la joie suprême. Nous n'avons plus à chercher le bonheur à l'extérieur de nous. La satisfaction surpasse le bonheur parce qu'elle n'a pas de contraire qui lui succède. La satisfaction simplifie la vie. Elle accepte ce qui est. Comme tout finit par passer, le bon et le mauvais apporteront soit du plaisir soit de la souffrance. La satisfaction surpasse la dualité du quotidien. En arrêtant de vouloir changer l'autre, en l'acceptant comme il est, nous transformons les relations. Commencez par vous accepter et par vous aimer puis par accepter et aimer les membres de votre famille. Les possessions, les relations, la jeunesse – tout change, tôt ou tard. Si vous êtes dans la satisfaction, toutefois, vous serez toujours en paix.

Satisfaction.

tapas (autodiscipline)

Tapas signifie brûler ou purifier. Le jeûne nous permet de brûler les toxines et l'excès de graisses du corps physique. Par la méditation et le contrôle de l'esprit nous pratiquons le tapas mental. Par le silence, le tapas verbal, nous apprenons à contrôler nos paroles. Pour nous purifier, nous devons générer une chaleur capable de brûler les impuretés. Ainsi, plus la pépite d'or brûle longtemps, plus l'or devient pur. Il faut un plein camion de minerai pour en tirer 25 g d'or pur. Lorsque nous brûlons les impuretés, nous atteignons notre essence pure.

Tapas signifie accepter, mais pas causer de la souffrance. Si quelqu'un nous fait du mal, la souffrance purifiera notre corps et notre esprit. Personne ne peut vous bouleverser et troubler votre paix si vous concevez la souffrance en ces termes. Nous gagnons toujours à accepter, mais pas à nous venger. La souffrance teste la force mentale et la paix d'esprit. La vengeance ne conduit pas à la croissance spirituelle.

Ne vous infligez pas de souffrance, ne lésez pas le temple du divin. La vie apporte suffisamment de souffrance sans en créer vous-même davantage. Lorsque nous acceptons la souffrance et que nous en trouvons le motif, la douleur s'en va. Embrassez la souffrance et laissez-la aller au plus vite; faites-en une occasion de croissance.

Acceptez la souffrance, et puis laissez-la partir.

svadhyaya (étude du Soi)

Lisez chaque jour quelque chose qui vous inspirera et contribuera à la transformation de votre vie et de vos attitudes. Lisez les biographies de personnes édifiantes. Étudiez les beautés et les miracles de la nature. Toute pratique spirituelle régulière est une étude du Soi. Observez; apprenez.

Essayez de lire chaque jour des textes de spiritualité.

ishvara pranidhana (abandon de soi à Dieu)

La pratique du renoncement total est aussi difficile que l'amour en pensées, en paroles et en actions. Pratiquez l'un ou l'autre et tout tombera bien en place. Devenez semblable à l'enfant et donnez-vous à quelqu'un ou à quelque chose de plus grand, de plus pur que vous. Commencez par vous donner à quelqu'un qui en sait plus. Soyez humble et apprenez ce qu'il a à vous enseigner. Vous finirez par vous donner à votre soi supérieur, ce qui rendra l'ego humble, apaisera l'esprit et le rendra capable d'écouter votre conscience supérieure. L'ego peut vous aider à obtenir bien des choses, mais il ne vous obtiendra pas la paix d'esprit.

vairagya (non-attachement)

Se méprenant sur le sens de «non-attache-
ment», bien des gens croient qu'il s'agit d'in-
différence, ce qui n'est pas exact. Vairagya,
c'est avoir un esprit calme, libéré de tout désir
personnel, égoïste. Dans les *Yoga Soutras*,
Patanjali nous dit qu'il existe deux principaux
types de pensées : les pensées douloureuses et les pensées sans douleur. Mon
gourou dirait que l'on pourrait formuler la
chose autrement : «les pensées qui sont
égoïstes et celles qui ne le sont pas». Si
votre désir ou votre attente est égoïste, vous

serez toujours chagriné ou bouleversé. À la
lumière de cette explication, considérez
votre existence et constatez la vérité. Quand
vous êtes bouleversé, examinez la cause
de votre bouleversement et vous trouverez
une attente ou un désir égoïste. Il vous faudra
peut-être considérer votre vie sans complai-
sance, mais quand vous aurez fini de rendre
les autres, personnes ou circonstances,
responsables de ce qui vous est arrivé,
vous vous regarderez et trouverez votre
égoïsme. «Quand vous pointez quelqu'un
du doigt, regardez bien combien de doigts
de votre main sont tournés vers vous au
même moment!» L'égoïsme et les désirs
incontrôlés apportent le malheur. Pratiquez
le contentement, et la non-possessivité,
apprenez à limiter vos désirs.

La cause de votre malheur vient souvent de
l'intérieur.

les quatre serrures et les quatre clés

Le conseil qui suit vient du Livre 1, Soutra 33. Dans la vie, ce soutra aide précieusement à maintenir la paix et le bonheur. Nous rencontrons principalement quatre types de personnes (4 serrures). Face à chacun de ces types nous pouvons développer quatre attitudes pour rester calme et paisible (4 clés).

QUATRE SERRURES	QUATRE CLÉS
Heureux	Cordialité
Malheureux	Compassion
Vertueux	Joie
Méchant	Indifférence

Si quelqu'un manifeste sa joie parce qu'il a une nouvelle maison ou un meilleur emploi, réjouissez-vous avec lui; montrez-vous amical. Il est au contraire fréquent de montrer à la personne heureuse, de la jalousie, de la haine ou de rechercher le petit point noir. Chaque fois que vous êtes jaloux de la bonne fortune d'un autre, remarquez-le, vous finissez par être troublé.

En présence d'une personne malheureuse, montrez-vous compatissant. Écoutez-la. Souvent, nous n'avons pas de temps pour la personne triste. Nous justifions notre comportement égoïste en prétextant que la personne affectée a attiré son propre malheur. On ira même jusqu'à déclarer : «Je l'avais bien dit!» Cette attitude n'aidera pas à cultiver dans l'esprit des pensées et des vibrations paisibles. Un geste affectueux envers une personne malheureuse signale votre intérêt et montre que vous êtes là.

Écoutez les autres.

Quand vous rencontrez des gens vertueux, réjouissez-vous de leurs qualités et essayez de les développer dans votre existence. Il nous arrive tellement souvent de les envier ou de les critiquer, pour essayer de les faire tomber du piédestal où nous les avions pourtant installés nous-mêmes.

Peu importe à quel point vous tentez d'aider quelqu'un ou de lui montrer une meilleure attitude, cela ne produit parfois aucun résultat. Si, dans votre existence, certaines personnes troublent continuellement votre paix d'esprit, éloignez-vous. Ne perdez pas votre temps et votre énergie à tenter de les remettre dans le droit chemin. Si elles veulent de l'aide, elles en demanderont. Si elles ne sont pas prêtes à écouter ou à apprendre, vous n'y pouvez rien. Apprenez de ces personnes : elles vous montrent ce qu'il ne faut pas faire pour connaître la joie et la santé. Ayez de la compassion. Les gens furieux, violents, criminels ne sont habituellement pas heureux. Ne vous époumonez pas; éloignez-vous calmement. Apprenez à vous éloigner mentalement, pas juste physiquement.

Ne laissez pas le comportement de l'autre affecter le vôtre.

pratipaksha bhavana (cultiver les pensées opposées)

Pratipaksha bhavana est l'une de mes techniques favorites pour garder un esprit calme, paisible. On peut la trouver au Livre II, Soutras 33 et 34, des *Yoga Soutras* de Patanjali.

Quand une pensée négative surgit dans votre esprit, cultivez la pensée positive

Changez de décor!

opposée. Une idée noire en entraînera une autre, qui en engendrera une autre. Avant même de vous en rendre compte, vous serez aspiré, tête première, dans la spirale de la dépression. Si vous vous sentez triste, pensez au mot bonheur. Il se peut que vous ne vous sentiez pas heureux, mais cela importe peu : ce que vous pensez, vous le deviendrez, rappelez-vous! Faites semblant, jusqu'à ce que cela se produise. En pensant continuellement à votre pensée heureuse, vous finirez par transformer votre état émotionnel et la vibration de votre corps tout entier. Si vous manquez d'amour, répétez le mot amour et vous transformerez votre optique.

En plus de transformer vos pensées il serait bon de changer votre environnement. Si vous êtes furieux ou bouleversé, allez dans un endroit où vous êtes de coutume calme ou heureux. Si vous ne pouvez pas quitter la maison et que votre colère s'est manifestée dans la cuisine, allez dans votre chambre ou assoyez-vous dans votre pièce de yoga. L'énergie en sera différente, ce qui vous aidera à vous calmer. Vous pouvez aussi vous concentrer sur un endroit où vous avez été heureux. Prenez quelques grandes respirations et répétez un mot positif : et puis observez le changement de votre humeur.

répandez
l'amour

Le yoga fait croître l'individu et le transforme. Si vous n'avez pas l'esprit en paix, comment espérez-vous trouvez la paix dans votre famille? Si votre famille ne vit pas dans la paix, comment pouvez-vous espérer que la planète le fasse? Commencez par vous-même. Faites de petits pas et ayez du plaisir. Dans votre existence, appliquez ces enseignements merveilleux et vivez en paix au milieu de la tourmente. Dispensez un peu d'amour et de joie et voyez-les grandir. Riez. Riez de vous-même. Riez quand vous sentez que vous vous prenez trop au sérieux, quand vous êtes anxieux. Faites semblant de rire; c'est prouvé : le faux rire produit les mêmes bienfaits que le vrai. Le rire est un médicament de société. Il soulage le stress, améliore le système immunitaire et libère des endorphines qui produisent un effet planant naturel. Au-dessus de votre bureau, collez un message : «En cas d'urgence, ris.» Achetez un livre de blagues; chaque fois que vous êtes anxieux, lisez-en une. «Prenez toujours la vie du bon côté!», comme l'aurait dit Monty Python.

Quand vous vous promènerez, un sourire aimant au visage, vous saurez que vous grandissez spirituellement. Ne vous souciez pas de lumières, de visions ou de lévitation quand vous méditez. Ne vous souciez pas d'être assis en Lotus. Apprenez seulement à aimer, à servir et à sourire. Élevez-vous au-dessus des petites différences, des pré-jugés mesquins et cherchez à voir le divin en toute chose. Où que vous soyez, semez la joie et l'harmonie. Rendez-vous utile. Un peu ou beaucoup, changez le monde. Vous connaîtrez le paradis sur la terre.

bibliographie

The Yoga Sutras of Patanjali, Sri Swami Satchidananda, Integral Yoga Publications, 1997.

The Living Gita, The Complete Bhagavad Gita, Sri Swami Satchidananda, Integral Yoga Publications, 1988.

Sri Swami Satchidananda: Apostle of Peace, Sita Bordow, Integral Yoga Publications, 1986.

Meditation, Sri Swami Satchidananda, Integral Yoga Publications, 1975.

The Healthy Vegetarian, Sri Swami Satchidananda, Integral Yoga Publications, 1986.

The Healing Path of Yoga, Nischala Joy Devi, Three Rivers Press, 2000.

Stress, Diet and Your Heart, Dr. Dean Ornish, New American Library, 1982.
Réfléchissez, mangez et maigrissez, Dean Ornish, Éditions de l'Homme (épuisé), 1995.

Beast and Man, Mary Midgley, Routledge, 1979.

Autobiography of a Yogi, Paramahansa Yogananda, Rider Books, 1996.
Autobiographie d'un Yogi, Paramahansa Yogananda, Éditions Adyar, Paris.

index

contacts

Pour des cours, des ateliers, de la formation
à l'enseignement ou des fins de semaines
de retraite en Grande-Bretagne ou ailleurs
en Europe contactez Sumukhi à :
yoga@sumikhi.co.uk
www.sumukhi.co.uk

Autres adresses utiles :
IInstitut de Yoga et Méditation
15, rue Mont-Royal Ouest
Bureau 106
Montréal, Québec
Canada
(514) 843-9642

Yoga Intégratif
987, rue Cherrier
Montréal, Québec
Canada
(514) 527-7444

remerciements

Ma gratitude éternelle, mon amour, vont à
Gurudev, l'auteur réel de cet ouvrage.

J'aimerais remercier mes professeurs,
Nischala Joy Devi et Swami Vidyananda,
pour leur dévouement et leur amour. Merci
à Swami Sharadananda, mon professeur,
mon guide et mon ami, pour votre amour
et votre aide continuelle. Merci d'avoir
toujours été là pour répondre à chacune de
mes questions avec patience, clarté,
sagesse et humour !

Merci à mon fiancé bien-aimé, Nicholas,
qui m'a rappelé le moment de manger et
qui a toujours été là pour me prendre dans
ses bras quand j'en avais le plus besoin!

Merci à mes merveilleux étudiants, Nischala
Pearson et Marco de Figueiredo, pour le
plaisir de leur compagnie, et pour avoir
patiemment servi de modèles pour ce livre.

Merci à Sarah et David King qui m'ont
donné l'occasion de partager avec vous les
enseignements du yoga.